Julius Evola

ESCRITOS SOBRE EL JUDAÍSMO

Julius Evola
(1898-1974)

ESCRITOS SOBRE EL JUDAÍSMO

Tre aspetti del problema ebraico, Roma, Mediterranee, 1936
Articulos de *"La Vita Italiana"* y *Il genio d'Israele*

© Omnia Veritas Ltd - 2019

Publicado por
Omnia Veritas Ltd

www.omnia-veritas.com

Reservados todos los derechos. No se permite la reproducción total o parcial de esta obra, sin autorización previa y por escrito de los titulares del *copyright*. La infracción de dichos derechos puede constituir un delito contra la propiedad intelectual.

PRIMERA PARTE 9
TRES ASPECTOS DE LA CUESTIÓN HEBRAICA 9
   I 11
     EL PROBLEMA JUDÍO EN EL MUNDO ESPIRITUAL 11
   II 29
     EL PROBLEMA JUDÍO EN EL MUNDO CULTURAL 29
   III 42
     EL PROBLEMA JUDÍO EN EL MUNDO ECONÓMICO-SOCIAL. 42
SEGUNDA PARTE. 57
ESCRITOS SOBRE LA CUESTIÓN JUDÍA DURANTE EL PERÍODO PREBÉLICO. 57
   I 59
     ACERCA DE LA GÉNESIS DEL JUDAÍSMO EN TANTO FUERZA DESTRUCTIVA 59
   II 68
     TRANSFORMACIONES DEL "REGNUM" 68
   III 81
     UN ESPEJO DEL ESPÍRITU HEBRAICO 81
   IV 91
     EL JUDÍO DISRAELI Y LA CONSTRUCCIÓN DEL IMPERIO DE LOS MERCADERES 91
   V 102
     ROSTRO Y GÉNESIS DE LA "BRITISH-ISRAEL WORLD FEDERATION" 102
   VI 116
     LA "CONFUSIÓN DELAS LENGUAS": UN ATAQUE JUDÍO CONTRA LA CRISTIANDAD 116
   VII 128
     GUERRA OCULTA EN LA ANTIGÜEDAD - ROMA, LOS "LIBROS SIBILINOS" Y EL JUDAÍSMO 128
   VIII 137
     LA CIENCIA HEBRAICA, LA TEORÍA DE LA RELATIVIDAD Y LA "CATARSIS DEMÓNICA" 137
       Los bastidores de las ciencias y de la política 137
       La ciencia hebraica 141
       Sentido de la teoría de la relatividad 142
       La ascesis de la física hebraica 146
       Un ciclo se cierra 150
   IX 155

LOS JUDÍOS Y LA MATEMÁTICA 155
X 165
   PSICOLOGÍA CRIMINALÍSTICA HEBRAICA 165
OTROS LIBROS 179

PRIMERA PARTE

TRES ASPECTOS DE LA CUESTIÓN HEBRAICA

JULIUS EVOLA

I

EL PROBLEMA JUDÍO EN EL MUNDO ESPIRITUAL

En Italia no es muy sentido el problema judío a diferencia en cambio de lo que sucede en otros países, sobre todo en Alemania, en donde el mismo hoy, tal como todos saben, suscita profundas antítesis no sólo a nivel ideal, sino también en la esfera social y política. Las últimas leyes recientemente sancionadas, inspiradas en Göring, según las cuales en Alemania no sólo los matrimonios mixtos, sino aun la misma convivencia entre judíos y no judíos es prohibida y los judíos y todos aquellos que se han casado en su momento con éstos son excluidos en forma definitiva de cualquier organización del Estado nazi, marca el resultado extremo de estas tensiones.

El problema judío tiene orígenes antiquísimos, variados e incluso enigmáticos. El antisemitismo es una temática que ha acompañado a casi todas las fases de la historia occidental. También para Italia no se encontraría privada de interés una consideración del problema judío. Y el hecho de que en tal país no están presentes tales especiales circunstancias, las que en otro lado han provocado formas más directas e irreflexivas de antisemitismo, permite considerar dicho tema con mayor calma y objetividad.

Como una primera perspectiva digamos enseguida que hoy en día el antisemitismo está caracterizado por la carencia de un punto de vista verdaderamente general, de las premisas doctrinarias e históricas, necesarias para poder verdaderamente justificar, siguiendo un procedimiento deductivo, las actitudes antisemitas prácticas, es decir, sociales y políticas. Por nuestro lado, pensamos que un antisemitismo no se encuentra privado de una razón de ser: pero la debilidad y la confusión de los temas prevalecientemente aducidos por los antisemitas, unidos a su violento espíritu partidista, termina ocasionando el efecto contrario, haciendo surgir en cada espectador imparcial la sospecha de que todo se reduzca a actitudes unilaterales y arbitrarias dictadas mucho menos por verdaderos principios que por intereses prácticos contingentes.

Es así como en estas notas nos proponemos proceder a un examen de las verdaderas razones desde las cuales una actitud antisemita puede ser alentada. Se dice que sí hoy existe en modo particularmente sensible un peligro judío en el campo de la finanza y de la economía en general, también existe un problema judío a nivel ético y, finalmente, también a nivel espiritual, religioso, de concepción del mundo; todo lo que se vincula con el semitismo, y sobre todo a los judíos, tendría un carácter propio, repugnante para los pueblos de raza blanca. Nosotros pues analizaremos en forma total y plena el problema judío en sus tres aspectos, espiritual o religioso el primero, ético-cultural el segundo y finalmente económico-social y político. Los puntos de referencia nos los proveerán naturalmente los autores alemanes más especializados en tal tema y más característicos en razón del "mito" sostenido por ellos: pero nosotros buscaremos reasumir todo esto de la manera más impersonal posible, excluyendo todo elemento que no se deje remitir a un plano de pura doctrina.

¿Existe una concepción del mundo, de la vida y de lo "sagrado" específicamente semítica? Éste representa el tema fundamental. La palabra "semítico", tal como todos saben, implica un concepto más vasto que el término "judío", y es con una expresa intención que nosotros la usamos aquí. Nosotros en efecto creemos que el elemento judío no se puede separar netamente del tipo general de civilización que se ha difundido antiguamente en la totalidad de la cuenca oriental del Mediterráneo, desde el Asia, hasta el límite de Arabia: por más que notables puedan ser las diferencias entre los diferentes pueblos semitas. Sin un examen de conjunto del espíritu semita, varios aspectos esenciales del mismo espíritu judío en acción en los tiempos más recientes están destinados a escapársenos. Algunos autores, que han sido capaces de trascender un racismo puramente biológico y que se han puesto a considerar a la raza también en lo referente a tipos de civilización - por ejemplo Günther y más recientemente Clauss - han arribado aproximadamente a la misma perspectiva tratando en forma genérica aquello que han denominado como "cultura del alma levantina" *(der vorderasiaischen Seele).* Los pueblos que participan de tal alma son aproximadamente el equivalente a los pueblos semitas.

¿Qué elementos tenemos nosotros para poder considerar como inferior a la. espiritualidad y a las formas religiosas que corresponden a los Semitas?

Aquí las ideas de los antisemitas no son para nada claras y concordantes. En efecto, para poder decir lo que tiene de negativo el espíritu semita, habría que comenzar definiendo lo que en vez se piensa como positivo en materia de espíritu. Los antisemitas se ocupan en vez, sumamente más de la polémica que de la afirmación y aquello en nombre de lo que niegan y condenan es, bajo tal respecto, muchas veces contradictorio e incierto. Así los unos se remiten al catolicismo (por ejemplo Móller van den Bruck), los otros al protestantismo nórdico (Chamberlain, Wolf), otros aun a un sospechoso paganismo (Rosenberg, Reventlow) o a ideales laico-nacionales (Ludendorff). La debilidad de tales posturas resulta ya del hecho de que todos estos puntos de referencia constituyen ideas históricas cronológicamente posteriores a las primeras civilizaciones semíticas y en parte influidas por elementos derivados de estas últimas: en vez de conducirnos a un polo espiritual originario y verdaderamente en estado puro.

La oposición entre espíritu semita y espíritu ario se encuentra por supuesto en la base de todo antisemitismo. Pero para arribar a alguna cosa seria no nos podemos limitar a dar a "ario" un vago fundamento racista o bien un contenido meramente negativo y polémico que comprenda genéricamente a todo aquello que no es "judío". Sería necesario en vez definir a la "arianidad" como una idea positiva y universal que se contraponga en materia de tipo de divinidad, de culto, de sentimiento religioso y de concepción del mundo a todo lo que se refiere a culturas semíticas y luego, de manera particular, a los Judíos. Habría pues que retomar sobre otro plano diferente del naturista que correspondió a los mismos, las ideas de los filólogos y de los historiadores del siglo pasado, y sobre todo de la escuela de Max Müller, acerca de una fundamental unidad de las civilizaciones, de las religiones, de los símbolos y de los mitos de las civilizaciones de origen indogermánico; habría que tratar de vincular tales ideas con lo que más recientemente Wirth, si bien muchas veces con graves confusiones, ha tratado de precisar en lo relativo a una civilización primordial unitaria pre-nórdica (nosotros diríamos hiperbórea) como tronco originario de las diferentes civilizaciones indogermánicas más recientes; no olvidando finalmente las geniales intuiciones de Bachofen acerca del antagonismo entre civilizaciones "solares" (uránicas) y civilizaciones "lunares" (o telúricas), entre sociedades regidas por el principio viril y sociedades regidas por el principio femenino-materno (ginecocracia). Es evidente que aquí no podemos penetrar en una investigación por lo demás ya emprendida en otra de nuestras obras *(Revuelta contra el mundo moderno, Ed. Omnia Veritas)*. Nos limitaremos a reproducir sus conclusiones delineando el tipo de aquella espiritualidad – a la que simultáneamente podemos denominar "aria" o "solar" o "viril" que, a través del procedimiento de antítesis, debe permitirnos arribar a aquello que es propio en verdad del espíritu semita.

Fue propia de *los ârya* (término sánscrito que designa a los "nobles" comprendidos como raza no sólo de la sangre, sino también del espíritu) una actitud afirmativa frente a lo divino. Detrás de sus símbolos mitológicos, recabados del cielo resplandeciente, se escondía el sentido de la "virilidad incorpórea de la luz" y de la "gloria solar", es decir de una virilidad espiritual victoriosa: por lo cual aquellas razas no sólo creían en la existencia real de una suprahumanidad, de una estirpe hombres no-mortales y de héroes divinos, sino que muchas veces le atribuían a tal estirpe una superioridad y un poder irresistible con respecto a las mismas fuerzas sobrenaturales. En relación a ello, los *árya* tuvieron como ideal característico más el regio que el sacerdotal, más el guerrero de la afirmación transfigurante que el del devoto abandono, más del *ethos* que el del *pathos*. Originariamente, los reyes eran sacerdotes, en el sentido que se reconocía eminentemente a éstos y no a otros la posesión de aquella fuerza mística, a la cual se le vincula no sólo la "suerte" de su raza, sino también la eficacia de los ritos, concebidos como operaciones reales y subjetivas sobre las fuerzas sobrenaturales. Sobre esta base, la idea del *regnum* tenía un carácter sacral, así como también universal. De la enigmática concepción indo-aria del *Çakravarti* o "señor universal" pasando por la idea ario-iránica del reino universal de los "fieles" del "dios de luz" hasta arribar a los presupuestos "solares" de la romana *aeternitas imperii* y finalmente a la idea gibelina medieval del *Sacrum Imperium*, siempre se ha asomado en las civilizaciones arias o de tipo ario el impulso a proveer un cuerpo universal a la fuerza de lo alto respecto de la cual los *árya* se sentían como sus eminentes portadores.

En segundo lugar, así como en vez del servilismo devoto y orante se tenía el rito, concebido, repitámoslo, como una seca operación que hace descender lo divino, de la misma manera también, más que a los Santos era a los Héroes que les eran abiertas, entre los *árya,* las sedes más altas *y* privilegiadas de la inmortalidad: el Walhalla nórdico, la Isla de los Bienaventurados dórico-aquea, el cielo de Indra entre los indo-germánicos en la India. La conquista de la inmortalidad o del saber conservó rasgos viriles; allí donde Adán, en el mito semita, es un maldecido, por haber intentado tomar del árbol divino, el mito ario en cambio nos representa, a través de epopeyas similares, un final victorioso e inmortalizador en la persona de héroes, como por ejemplo Jasón, Mitra, Siegurt. Si, más en lo alto aun del mundo heroico, el supremo ideal ario era el "olímpico" de esencias inmutables, realizadas, separadas del mundo inferior del devenir, luminosas en sí mismas, como el sol y las naturalezas siderales, los dioses semitas en cambio son esencialmente dioses que cambian, que tienen nacimiento y pasión, son los "dioses-año" que, del mismo modo que la vegetación, padecen la ley de la muerte y del renacimiento. El símbolo ario es solar, en el sentido de una pureza que es fuerza y de una fuerza que es pureza, de naturaleza radiante que -repitámoslo- tiene la luz en sí, en oposición con el símbolo lunar (femenino), que es el de una naturaleza que es luminosa tan sólo porque refleja y absorbe una luz que emana de un centro que cae afuera de ella. Finalmente, por lo que se refiere a los principios éticos correspondientes, son característicamente arios el principio de la libertad y de la personalidad por un lado, de la fidelidad y del honor por el otro. El Ario tiene el placer por la independencia y por la diferencia, tiene una repugnancia por todo tipo de promiscuidad; pero ello no le impide obedecer virilmente, de reconocer a un jefe, de tener el orgullo de servirlo según un lazo libremente establecido, guerrero, irreductible al interés, a todo lo que se puede vender y comprar y, en general, reducir a los valores del oro. *Bhakti,* decían los arios de la India; *fides,* decían los Romanos, *fides* se repetía en la Edad Media; *Trust, Treue,* serán las consignas del régimen feudal. Si en las mismas comunidades religiosas mithraicas el principio de la fraternidad se resentía sobre todo de una solidaridad viril de soldados comprometidos en una única empresa *(miles* era el nombre de un grado de la iniciación mitraica), ya los Arios de la antigua Persia hasta la época de Alejandro conocían la facultad de consagrar no solamente a las personas y a sus acciones, sino por sus mismos pensamientos, a sus Jefes, concebidos como seres trascendentes. No una violencia, sino al mismo tiempo una fidelidad espiritual -*dharma y bakhti-* fundaba entre los Arios de la india el mismo régimen de las castas en su jerarquía. El gesto grave y austero, carente de misticismo, desconfiado hacia cualquier abandono el alma, lo cual fue propio de las relaciones entre el *civis* y el *pater* romano y sus divinidades, tiene los mismos rasgos del antiguo ritual dorio-aqueo y de la tenida "regia" y dominadora de los *atharvan* mazdeos. En su conjunto se trata de un clasicismo del dominio y de la acción, de un amor por la claridad, por la diferencia y por la personalidad, de un ideal "olímpico" de la divinidad junto a un *ethos* de la fidelidad y del honor, aquello que caracteriza al espíritu ario.

Con esto, si bien sumariamente, el punto fundamental de referencia se encuentra dado. Se trata de tener presentes los lineamientos de una síntesis ideal todo lo que la realidad que nos sirva como hilo conductor entre todo lo que la histórica y la situación de conjunto de las diferentes civilizaciones nos muestran en estado de mezcla: puesto que sería absurdo, para tiempos que no sean absolutamente primordiales, querer volver a hallar en algún lugar el elemento ario o el semítico en estado absolutamente puro.

¿Qué es lo que caracteriza a la espiritualidad de las culturas semíticas en general? La destrucción de la síntesis aria entre espiritualidad y virilidad. Entre los Semitas tenemos por un lado una afirmación crudamente material y sensualista, o bien ruda y ferozmente guerrera (Asiria) del principio viril: por el otro, una espiritualidad desvirilizada en relación "lunar" y prevalecientemente sacerdotal con respecto a lo divino, el pathos de la culpa y de la expiación, todo un romanticismo impuro y desordenado y, al lado de ello, casi como una evasión, un contemplativismo de base naturalista-matemática.

Precisemos algún punto. También en la antigüedad más remota, mientras que los Arios (así como los mismos Egipcios, cuya primera civilización debe considerarse como de origen "occidental") tenían respecto de sus reyes el concepto de "pares de los dioses", ya en Caldea en cambio el rey no valía sino como un vicario patêsi de los dioses, concebidos como entes diferentes de él (Maspero). Hay algo más característico aun para esta desviación semítica del nivel de una vestido como viril: la humillación anual de los reyes en Babilonia. El rey, vestido como un esclavo, confesaba sus culpas y solo cuando, golpeado por un sacerdote que representaba al dios, le brotaban las lágrimas de los ojos, era confirmado en su cargo y podía revestir las insignias reales. En realidad, así como el sentimiento de la "culpa" y del "pecado" (casi totalmente desconocido entre los Arios) es propio de la naturaleza del Semita y se refleja de manera característica en el Antiguo Testamento, de la misma manera es también característico entre los pueblos semitas en general, estrechamente vinculado a tipos de civilización matriarcal (Pettazzoni) y en cambio extraño a las sociedades arias regidas por el principio paterno, el pathos de la "confesión de los pecados" y de su redención. Es ya el "complejo' (en sentido psicoanalítico) de la "mala conciencia", el cual usurpa el valor "religioso" y altera la calma pureza y la superioridad "olímpica" del ideal aristocrático ario.

En las civilizaciones semítico-siríacas y en la asiria es característico el predominio de divinidades femeninas, de diosas, lunares o telúricas, de la Vida, muchas veces dadas en los rasgos impuros de heteras. A su vez, los dioses, con los cuales ellas se acoplan como amantes, carecen totalmente de los rasgos sobrenaturales de las grandes divinidades arias de la luz y del día. Muchas veces se trata de naturalezas subordinadas, ante la imagen de la Mujer o Madre divina. Ellos o son dioses "en pasión" que sufren y que mueren y resurgen, o son divinidades feroces y guerreras, hipóstasis de la fuerza muscular y salvaje o de la virilidad fálica. En la antigua Caldea las ciencias sacerdotales, en especial las astronómicas, son el exponente justamente de un espíritu lunar-matemático, de un contemplativismo abstracto y en el fondo fatalista, escindido de cualquier interés por la afirmación heroica y sobrenatural de la personalidad. Un residuo de este componente del espíritu semita intelectualizado, actuará entre los mismos Judíos de épocas más recientes: desde un Maimónides y un Spinoza hasta los matemáticos modernos judíos (por ejemplo, Einstein y, entre nosotros, Levi-Civita y Enríques), nosotros hallamos una pasión característica por el pensamiento abstracto y por la ley natural dada en un ámbito de números sin vida. Y ésta, en el fondo, puede considerarse como la mejor parte de la antigua herencia semítica.

Por supuesto que aquí, para no aparecer unilaterales, deberíamos desarrollar consideraciones mucho más vastas de lo que nos consiente el espacio del que disponemos. Mencionaremos tan sólo que los elementos negativos aquí mencionados se pueden volver a encontrar, además que entre los Semitas, también en otras grandes civilizaciones originariamente indogermánicas. Sin embargo en tales civilizaciones, hasta en una cierta época, aparecen, en relación a un tipo diferente en que predomina la espiritualidad, como elementos secundarios y subordinados, los cuales casi siempre nos remiten a formas de decadencia y a influjos del substrato de ralas inferiores subyugadas o infiltradas. Es entre el VIII y el VI siglo a. C. que nosotros asistimos casi contemporáneamente en las más grandes civilizaciones antiguas a una especie de crisis *o climaterium y* a una insubordinación de aquellos elementos inferiores. Puede decirse que en Oriente -desde China hasta la India o Irán- tal crisis fue superada por una serie de pertinentes reacciones o de reformas (Lao-tze, Confucio, Buda, Zoroastro). En Occidente, el dique en cambio parece haberse roto, la oleada parece no haber encontrado aquí ningún obstáculo importante para su progresiva emergencia. En Egipto, es la irrupción del culto popular de Ísides y de divinidades afines, con su desordenado misticismo popular, en contra del antiguo culto regio, viril y solar, de las primeras dinastías. En Grecia, es el ocaso de la civilización aqueo-dórica con sus ideales heroicos y olímpicos, es el advenimiento del pensamiento laico, antitradicional y naturista por un lado, del misticismo órfico y órfico-pitagórico por el otro. Pero el centro, a partir del cual el fermento de descomposición se ha sobre todo irradiado, parece estar constituido justamente por el grupo de los pueblos semitas mediterráneo-orientales y, finalmente, por el pueblo judío.

En lo referente a la civilización de este último pueblo, para ser objetivos, hay que distinguir dos períodos, que se diferencian de manera decisiva el uno del otro justamente en aquel momento histórico de crisis al cual hemos hecho mención. Si hay una acusación a hacerle positivamente a los Judíos, la misma consiste en no haber tenido verdaderamente como propia ninguna tradición, de deberle a otros pueblos, semitas o no semitas, sea los elementos positivos, como los otros, negativos, que los mismos supieron luego desarrollar en manera más particular. Así pues, si nosotros consideramos a la religión judaica más antigua, al antiguo culto filisteo de Jehová (los Filisteos, por otro lado, parece que fueron un pueblo no hebraico de conquistadores), a la estirpe de los reyes sacerdotes, a la cual pertenecieron Salomón y David, nos hallamos no pocas veces ante formas que tienen caracteres de pureza y de grandeza. El presunto "formalismo" de los ritos en aquella religión tenía con gran probabilidad el mismo espíritu antisentimental, activo, determinativo, indicado por nosotros como característica del ritual viril ario primordial y también romano. La misma idea de un "pueblo elegido" llamado a dominar al mundo por mandato divino -aparte de sus ingenuas exageraciones y el discutible derecho de los Judíos a referirla a su raza- es, tal como hemos mencionado, una idea que se vuelve a encontrar en tradiciones arias, sobre todo entre los Iranios: así como entre los Iranios se vuelve a encontrar también, si bien con rasgos viriles y no pasivamente mesiánicos, el tipo del futuro "señor universal" *Çaoshianc,* Rey de reyes. Fue un punto de crisis, vinculado al derrumbe político del pueblo hebraico, lo que echó abajo estos elementos de espiritualidad positiva, que con gran probabilidad derivan menos del pueblo judío en sí mismo, que de los Amoritas, pueblo del cual algunos sostienen un origen nórdico y no-semita. El profetismo representa ya la descomposición de la antigua civilización hebraica y la vía de cualquier sucesiva decadencia. Al tipo del "vidente" *-rôeh-* se le sustituye justamente el del "profeta" -*nabi* del inspirado y obseso por Dios, tipo que precedentemente era considerado casi como un enfermo. El centro espiritual se desplaza sobre él y sobre sus Apocalipsis; ya no cae más sobre el rey sacerdotal que gobierna en nombre del "Dios de los Ejércitos", Jehová Cebaot. Aquí la revuelta en contra del antiguo ritualismo sacral en nombre de una informe, romántica y. desordenada espiritualidad "interior" se asocia a un siempre creciente servilismo del hombre ante el Dios, a un siempre mayor placer por la autohumillación y por un siempre mayor menoscabo del principio heroico, hasta el rebajamiento del tipo del Mesías al del "expiador", de la "víctima" predestinada sobre el trasfondo terrorífico de los Apocalipsis y, sobre otro plano, hasta aquel estilo de engaño y de hipocresía servil y, junto a ello, de engañosa y tenaz infiltración disgregante, que quedará como característico para el instinto hebraico en general. Escalando, a través de las formas primeras y precatólicas del Cristianismo, sobre el imperio romano, ya en su momento animado por toda clase de cultos espurios asiático-semitas, el espíritu hebraico se puso efectivamente a la cabeza de una gran insurrección del Oriente en contra del Occidente, de los *Çudra* en contra de los *ârya,* de la espiritualidad promiscua del Sur pelásgico y prehelénico en contra de la espiritualidad olímpica y uránica de razas superiores conquistadoras: choque de fuerzas que repite el que se verificara ya en un período mas antiguo en la primera colonización del Mediterráneo.

Con lo cual se ha arribado a un punto que nos permite discernir aquello a lo cual, bajo tal aspecto, se reducen las razones de los antisemitas. Digamos enseguida que no hay casi ninguno que muestre la capacidad de elevarse hasta horizontes de tal tipo. El único que quizás lo logre es Alfred Rosenberg: el cual, sin embargo, en sus últimas actitudes, ha terminado perjudicando casi irreparablemente su postura con confusiones de todo tipo y sobre todo con ideologías de marca estrechamente iluminista y racista nacionalista. En el ámbito religioso resulta en verdad ingenuo pensar en justificar una aversión hacia la religión judía con una selección de pasajes bíblicos, de los cuales resultaría que el Dios hebraico es un "falso Dios", un Dios "humanizado", "susceptible de error", "mutable", "cruel", "injusto", "desleal" y así sucesivamente (es Fritsch quien se ha especializado sobre todo en tal *j'accuse) y* en estigmatizar este o aquel episodio dudoso de la moral del "Antiguo Testamento" (Rosenberg llega a definir a la Biblia como "un conjunto de historietas para mercaderes de caballos y rufianes"). Por cierto, concordando con un judío -con Spinoza- podemos reconocer una prevaleciente corpulencia y materialidad en la imaginación mitológica judaica. Sin embargo, aparte de esto, habría que preguntarse si, cuando las religiones tuviesen que ser juzgadas en relación con elementos contingentes, las mismas mitologías de pura cepa nórdico-ario tendrían manera de salvarse. Puesto que los acusadores son alemanes, si nos remitimos a su misma mitología, ¿qué es lo que deberíamos entonces decir por ejemplo de la deslealtad de Odin-Wotan con respecto a los pactos establecidos con los "gigantes" reconstructores del Asgard y de la "moralidad" del rey Gunther que hace de Siegfried el conocido uso para lograr estuprar a Brunilda? No se puede descender a este plano de bajos expedientes polémicos. Y todo aquello que, sobre la base de lo ya dicho, se debe reconocer como negativo en la religiosidad hebraica, no nos debe llevar a desconocer que, aun tomados de otra parte, en el Antiguo Testamento se encuentran presentes elementos y símbolos de valor metafísico y, por lo tanto, universal.

Cuando Günther, Oldenberg y Clauss dicen que el espíritu semítico-oriental tiene por característica "oscilar entre lo sensual y lo espiritual, la mezcla entre sacralidad y burdel", la alegría por la carnalidad y simultáneamente por la mortificación de la carnalidad, la oposición entre espíritu y cuerpo (la cual se pretende de manera arbitraria que fue desconocida por los Arios), el placer por el poder sobre comunidades serviles, la insinuación desplazándose en forma resbaladiza sobre los sentimientos ajenos; cuando Wolf dice que del Oriente semítico brotaron todas las enfermedades de las cuales nosotros sufrimos, "del terreno pantanoso del caos étnico oriental han nacido el imperialismo y el mamonismo, la urbanización de los pueblos con la destrucción de la vida conyugal y familiar, la racionalización y la mecanización de la religión, la civilización sacerdotal momificada, el ideal absurdo de un Estado divino que abraza a la humanidad en su conjunto", cuando los antisemitas nos dicen todo esto, nos ofrecen una ensalada rusa, en donde se encuentra también algo justo, pero entre confusiones de ideas sumamente singulares. Para darse cuenta de tales confusiones, bastará decir por ejemplo que para Wolf los Griegos y los Romanos no habrían tenido otro mérito distinto del de haber desarrollado "una floreciente civilización laica nacional": de lo cual se ve cuan poco la antigua espiritualidad aria valga para este autor como punto de referencia. En lugar de tal espiritualidad él termina poniendo en vez al protestantismo, de modo tal que las verdaderas perspectivas se invierten: el triunfo del profetismo sobre la antigua religiosidad ritual hebraica parecen para Wolf un progreso en vez que una degeneración, justamente por su analogía con la revuelta luterana en contra del ritualismo y el principio de autoridad de la Iglesia. En cuanto luego a la acusación propia de casi todos los antisemitas y los racistas, en contra del ideal de un Estado sacro universal que ellos consideran como hebraico y deletéreo, debe observarse que si la civilización semita quizás se casó con tal ideal, ello no le resulta para nada como algo propio, ya que se lo reencuentra en el ciclo ascendente de cualquier gran civilización tradicional. El mismo en sí es tan poco hebraico, de modo tal de actuar como el alma del Medioevo Católico Germánico, del sueño de un Federico II y de un Dante. De acuerdo a tal ideología antisemita, por más extraño que ello nos parezca, Roma terminaría convirtiéndose como sinónimo de Jerusalén: la misma no sería tanto cristianismo como judaísmo y, al mismo tiempo, herencia del imperio pagano, el cual, a su vez, en su universalismo, ya sería hebraico o algo parecido (por lo demás, la expresión "Roma semítica" para referirse a la Roma imperial se remonta al mismo De Gobineau). ¿Qué habría en vez de antihebraico? Para Wolf, quien sigue de manera visible las huellas de Chamberlain, el cristianismo evangélico, es decir pre-católico, en su aspecto individualista, amorfamente creyente y antidogmático, que se remonta justamente al impuro fermento del profetismo judaico, es decir no sólo al judaísmo, sino incluso a su decadencia; luego, y justamente Lutero, es decir aquel que contra la "romanidad" de Roma -considerada por él como satánica- ha esencialmente revalorizado al Antiguo Testamento: por lo tanto no se sabría hallar un antisemita ejemplo Rosenberg, justamente por verdad también que otros, como pero arpara esto, no hesitaron en lanzar al mar también tal como hemos dicho, un caer de la sartén en las brazas: aquí se propone, anticatolicismo de tipo puramente laico, un desconocimiento pleno de todo aquello que en el catolicismo es supranaturalismo y rito, en el fondo, un racionalismo. ¡Y es justamente el racionalismo de los racistas lo que debe ser considerado como una criatura hebraica!

También Miller rechaza el derecho de considerar al protestantismo como un tipo de religión purificada del elemento semítico, y si acusa a su vez a la Iglesia de Roma, ello es a causa de los residuos hebraicos que ésta conserva (por ejemplo, el reconocimiento de que Israel fue el pueblo elegido preseleccionado por la revelación), además por el hecho de que la Iglesia, de un precedente rigorismo antihebraico, hoy habría gradualmente pasado a un régimen de tolerancia ante los Judíos. Son temas éstos, sumamente difundidos hoy en día en Alemania. Pero es también difundida la idea de que Roma sería la heredera de un fariseísmo sacerdotal que, del mismo modo que el hebraico, aspiraría con cualquier medio al dominio universal. También en el famoso libro: *Protocolos de los Sabios de Sión*, sobre el cual habremos de volver, es dado como hebraico el ideal de un reino universal regido por una autoridad sagrada. Aquí una vez más se asocian y se confunden cosas que, sobre la base de los principios ya indicados, deberían ser en vez bien distinguidas. Si nadie quiere discutir la asiatización y por lo tanto la decadencia que padeció en la Roma antigua la idea imperial universal, ello no puede ser un argumento en contra de esta idea tomada en sí misma: ni un argumento es que el judaísmo, en una cierta medida se haya apropiado de ideales similares. Desde un punto de vista "ario" la Iglesia católica en tanto posee un valor, en cuanto ha sabido "romanizar" el cristianismo, retomando ideas jerárquicas, tradiciones, símbolos e instituciones que se remiten a un más vasto patrimonio, rectificando con Roma el elemento deletéreo estrechamente vinculado al mesianismo hebraico y al misticismo antiviril siríaco, propio de la revolución del cristianismo primitivo. Por cierto, aquel que piense a fondo, hallará más de un residuo no-ario en el conjunto del catolicismo. Sin embargo en los tiempos más recientes Roma queda como el único punto de referencia relativamente positivo para toda tendencia a la universalidad.

En relación a esto, deben fijarse dos puntos. Tal como veremos en los próximos escritos, existe hoy una idea universal hebraica que lucha en contra de los restos de las antiguas tradiciones europeas: pero esta idea debe ser denominada internacional más que universal, ella representa la inversión materialista y mamonista de aquello que pudo ser la antigua idea sacral de un *regnum* universal. En segundo lugar, el resorte escondido del antisemitismo nórdico se delata a través de su confusión entre universalismo en cuanto ideal supranacional con un universalismo que significa tan sólo aquel "fermento activo de cosmopolitismo y de descomposición nacional" que, según Mommsen, aun en el mismo mundo antiguo ha sido determinado sobre todo por el judaísmo. Queremos decir que aquello que el antisemitismo revela a tal respecto es un mero particularismo. Ahora bien, hay una curiosa contradicción en aquellos que por un lado acusan a los Judíos de tener un Dios nacional sólo para ellos, una moral y un sentimiento de solidaridad restringido a su rala; un principio de no- solidaridad para el resto del género humano, y así sucesivamente; y por el otro ellos mismos siguen justamente este "estilo" hebraico cuando polemizan en contra de aquel otro (presunto) aspecto del peligro semita, que sería el universalismo. Aquel que en efecto proclama la conocida fórmula *Gegen Röm und gegen Judentum* casi siempre obedece en esto a la forma más tosca, más particularista, más condicionada por la sangre (por ende por un elemento totalmente naturista) de nacionalismo hasta manifestar, en el intento por constituir incluso una Iglesia nacional tan sólo alemana -*deutsch Volkskirche*- el mismo espíritu de cisma del galicanismo, del anglicanismo y de análogas herejías que retoman, *mutatis mutandis,* el espíritu de exclusivismo y de monopolio de lo divino que fue propio justamente de Israel. Y a tal respecto es natural que se termine en una declarada antiromanidad, la cual equivale sin más a antiarianidad, a un pensamiento híbrido, sin nervios, sin claridad ni capacidad de amplios y libres horizontes. Y se note que en algunos el antiromanismo no se limita a la Iglesia católica, el mismo se conduce tan lejos que hace renegar también de los más grandes emperadores gibelinos de cepa germánica, ¡justamente en razón de su universalismo! embargo nos llevan ya al otro aspecto ético.

Estas consideraciones sin embargo nos llevan ya al otro aspecto ético y político del antisemitismo, el que será objeto de los escritos sucesivos. Así es tiempo de concluir brevemente este examen de las razones del antisemitismo sobre el plano religioso y espiritual. Dühring ha tenido ocasión de escribir que "una cuestión hebraica existiría aun cuando todos los Judíos hubiesen abandonado su religión para pasar al seno de nuestras iglesias dominantes". Hay que extender esta idea hasta decir que, a tal respecto, se puede incluso prescindir de la referencia a la raza en sentido estricto, para hablar de un semitismo a nivel universal, es decir, de un semitismo en tanto actitud típica respecto del mundo espiritual. Esta actitud puede ser definida en abstracto y puede ser señalada también allí en donde falte en una civilización una clara y directa conexión étnica con las razas semíticas y con los Judíos. Allí donde es menoscabada la asunción heroica, triunfal, viril de lo divino y es exaltado el pathos de una actitud servil, despersonalizadora, híbridamente mística y mesiánica con respecto al espíritu, allí retorna la originaria fuerza del semitismo, de la antiarianidad.

Semítico es el sentido de la "culpa" y también de la "expiación" y de la autohumillación. Semítico es el resentimiento de los "siervos de Dios" que no toleran a ningún jefe y que quieren constituirse como una colectividad omnipotente (Nietzsche) con todas las consecuencias procedentes de tal idea antijerárquica, hasta su materialización moderna en forma de marxismo y de comunismo. Semítico es en fin aquel espíritu subterráneo de agitación oscura e incesante, de íntima contaminación y de improvisa rebelión por el cual, según los antiguos, Tifón- Seth, la mítica serpiente enemiga del Dios solar egipcio, habría sido el padre de los Judíos, y fueron justamente Jerónimo y los Gnósticos quienes consideraron al Dios hebraico como una criatura "tifónica".

Así hoy, a nivel espiritual, el fermento semítico de descomposición debe reconocerse sea en lo íntimo de las ideologías culminantes en la mística de una humanidad servil colectivizada bajo los signos de la internacional tanto blanca como roja, sea en el "romanticismo" del alma moderna - reemergencia del "clima" mesiánico- en su activismo espiritualmente destructor, en su ímpetu desordenado, en su inquietud neurótica atravesada por las formas más impuras y sensualistas de "religión de la vida" o de evasión pseudo espiritualista. Para ser antisemitas hasta el fondo, no hay que recurrir a términos medios, a ideas determinadas ellas mismas por el mal en contra del cual se querría combatir. Hay que ser radicales. Hay que volver a evocar valores, que deben ser seriamente "arios", y no sobre la base de conceptos vagos y unilaterales penetrados por una especie de materialismo biológico: valores de una espiritualidad solar y olímpica, de un clasicismo hecho de claridad y de fuerza dominada, de un amor nuevo por la diferencia y por la libre personalidad y, al mismo tiempo, por la jerarquía y por la universalidad que una estirpe nuevamente capaz de elevarse virilmente desde el "vivir" hasta el "más que vivir" puede crear enfrentada a un mundo quebrado, sin verdaderos principios y sin paz. Así, un punto real de referencia se lo tiene tan sólo remontándose a una antítesis ideal, libre del prejuicio étnico. El semitismo, a tal respecto, termina convirtiéndose en sinónimo de aquel elemento "ínfero" que toda gran civilización -incluso la hebraica en su antiquísima fase regia- ha subyugado en el momento de su realización como cosmos frente al caos. Aun sin referirnos al problema del verdadero origen unitario y prehistórico de la espiritualidad "solar" formativa y animadora del grupo de las civilizaciones indogermánicas, restringiéndonos al solo Occidente, en aquello que nosotros hemos ya mencionado, acerca del espíritu de la civilización del Mediterráneo oriental, acerca de la crisis padecida por el mismo pueblo de Israel -acerca de la conexión de las fuerzas activas en tal crisis con las que alteraron sea a la civilización egipcia, sea a la dórica, sea, finalmente, en un movimiento de conjunto, a la civilización romana- en todo esto nosotros hemos dado suficientes elementos para justificar la posibilidad de un "antisemitismo" carente de prejuicios y de espíritu partidista, en conexión con aquello que hoy debe ser combatido en nombre de las tradiciones más luminosas de nuestro pasado y, al mismo tiempo, de un mejor futuro espiritual.

II

EL PROBLEMA JUDÍO EN EL MUNDO CULTURAL

Así como la fuerza germinadora de una semilla no se manifiesta plenamente sino cuando ésta se quiebra y sus elementos pasan a la materia circundante, de la misma manera el judaísmo no habría comenzado a manifestar universalmente su poderío destructivo y éticamente subversivo sino con su caída política y con la dispersión en el mundo del "pueblo elegido".

Los judíos no habrían nunca venido a menos en su pretensión mesiánico-hegemónica, en su instinto de dominio universal establecido por estas tres máximas bíblicas: "Todas las riquezas de la tierra te deben pertenecer". "Todos los pueblos deben servirte". "Debes devorar a todos los pueblos que tu Señor te entregará". Lo que acontecerá será que este tenaz instinto se camuflará, asumirá forma serpentina, se convertirá en actividad oculta, subterránea. Cerradas las vías de la afirmación directa, excluida la posibilidad de victoria a través de una lucha leal de raza, los judíos habrían creado, a través de la realización de su ideal, un frente interno unitario de insidia y de traición en el seno de toda nación.

Y dos principales instrumentos habrían sido elegidos por éstos para tal fin: el dinero y la inteligencia. No a través de las armas, sino a través de todo aquello que el poder del oro por un lado y por el otro a través de lo que puede la inteligencia, en sentido de disgregación espiritual y ética, de mitos sociales y culturales fomentadores de revuelta y de subversión de los valores y de las instituciones tradicionales de los pueblos arios y, finalmente, de todo lo que se vincula a la parte superior del ser humano, a través de todo esto los Judíos desde siglos habrían descendido al campo de batalla para conquistar el mundo. El secreto de la historia política y cultural de los últimos siglos, sobre todo luego de las revoluciones del Tercer Estado y en el contexto del demoliberalismo, correspondería exactamente con el avance progresivo del judío en tanto dominador supranacional del Occidente.

Tales son en síntesis las tesis fundamentales del antisemitismo a nivel de concepción de la historia. Así se precisa el objeto de este artículo y del último que le seguirá a éste; puesto que el judaísmo en el mundo cultural y luego el judaísmo en el mundo económico-social corresponden justamente a los dos instrumentos: inteligencia y dinero, que la supuesta conjura hebraica habría asumido para su acción internacional.

Algunas observaciones preliminares. Mientras que en el capítulo anterior hemos visto que, para definir aquello que de manera genérica puede considerarse como antítesis respecto del elemento "ario" a nivel de espiritualidad y de religiosidad, debía hablarse no tanto de judaísmo, sino en forma más genérica de semitismo, tratando además de no separar el semitismo de las influencias propias de las razas aborígenes prearias surmediterráneas. Aquí en las diferentes actitudes antisemitas tiene que ver justamente el judío como tal. Pero lo que sucede es que es fácil ver que con mucha frecuencia se produce un desplazamiento de blanco: se apunta en contra del Judío, mientras que en realidad se está haciendo un cuestionamiento a un conjunto de fenómenos culturales y sociales más vasto, por lo que sería en verdad prejuicioso referirlos meramente a los Judíos: por más que se hayan admitido aquellos "superiores desconocidos" de los cuales habla von Moltke y ocultas organizaciones, de las cuales la masonería judaizada sería tan sólo la forma mas reciente y notoria. La verdadera verdad es que aquí el judío sirve muchas veces como pretexto, que en la lucha en contra del judío se esconde muchas veces una lucha en contra de estructuras generales propias de la civilización moderna en general, además que en contra de aquello que en el mundo antiguo puede considerarse como anticipación de tales estructuras. Es a este punto al cual somos remitidos, si es que en las tesis antisemitas queremos separar un contenido claro y coherente del que en vez es simple revestimiento pasional e irracional.

¿En qué manera el espíritu hebraico habría actuado en la cultura de los pueblos no judíos en el sentido antes mencionado de venganza, de odio y de disgregación?

Wolf, quien extiende su investigación antisemita hasta los tiempos más antiguos, indica aquí tres puntos fundamentales que son: el nomadismo, el mamonismo (o materialismo) y el racionalismo.

Con un espíritu de nómadas, de dispersos, de sin patria, los Judíos habrían diseminado en los diferentes pueblos, a partir del romano, el *virus* de la desnacionalización, del universalismo y del internacionalismo de la cultura. Es una acción incesante de erosión de aquello que es cualitativo, diferenciado, determinado por los límites de una tradición y de una sangre. Es aquello que en las épocas más recientes veremos concentrarse sobre todo en el plano social, bajo la forma de revoluciones sociales, de ideología demo-masónica judaizante con relativos mitos humanitario-sociales e internacionalistas. Por lo demás, algunos racistas antisemitas rechazan que los Judíos constituyan una raza: ellos constituirían simplemente un "pueblo" compuesto de una mezcla étnica caótica (raza "desértica", raza "levantina", raza "mediterránea", raza "oriental"), por lo tanto incapaz de aquel recto sentir y de aquellos valores superiores que, de acuerdo a tal ideología, estarían condicionados por la pureza de la sangre.

Hitler manifestó, en tal dirección de pensamiento, que lo que mantiene juntos a los Judíos no es tanto una conciencia nacional y racial, sino un común interés en dañar a los no- Judíos: de modo que, dejados a sí mismos, los Judíos se devorarían entre sí.

Mommsen tuvo ocasión de decir: "El Judío es esencialmente indiferente respecto del Estado: es tan duro en renunciar a su característica nacional de la misma manera que él se encuentra listo para revestirla de cualquier nacionalidad. También en el mundo antiguo el judaísmo fue un fermento activo de cosmopolitismo y de descomposición nacional". Conglomerado indomable, huidizo y sin patria en lo interior de cada patria, el elemento judío, de acuerdo a Wolf, constituye pues el principio mismo de la antiraza, de la antinación, así como de la anticivilización, no en referencia a una determinada civilización, sino a cualquiera de ellas, en tanto civilización determinada en forma nacional.

Segundo elemento de descomposición: el racionalismo. Procedente -según tales escritores- de una religión en la cual las relaciones entre el hombre y Dios eran concebidas como una regulación interesada y cuasi contractual de pérdida y provecho, el germen racionalista judaico habría fructificado a través de la historia en una dirección despersonalizadora, mecanicista, antirracista, anticualitativa: acción convergente con la misma efectuada por el internacionalismo hasta desembocar en el iluminismo y en el verdadero racionalismo de la época moderna. Según el modelo hebraico se creyó poder calcularlo todo y regularlo con la razón humana. Con el intelecto calculador los hombres se construyeron una vida estatal, jurídica y económica que se supuso "conforme a la naturaleza y a la razón", la cual debía valer para todos y dominar en todas partes y en todos los tiempos por sobre las ruinas de toda articulación étnica, nacional y tradicional. La coronación más significativa acorde a esta dirección es la religión natural y racionalista propia de la ideología universalista masónico enciclopedista, en cuyo centro se encuentra justamente el simbolismo estrictamente hebraico del Templo de Salomón, Gran Maestro de la Orden.

El tercer elemento -el materialismo- tiene dos aspectos principales: mamonismo y practicismo por un lado, y por el otro, todo lo que en la cultura, en la literatura, en el arte y en la ciencia moderna, por obra de los Judíos, falsifica, ironiza, muestra como ilusorio o injusto todo aquello que para nosotros tuvo un valor ideal, haciendo en vez resaltar con carácter de realidad única todo aquello que hay en ella de inferior, de sensual, de animal en la naturaleza (Max Wundt). Ensuciar, hacer vacilar cualquier apoyo y cualquier certidumbre, infundir un sentido de zozobra espiritual que propicia el abandono a las fuerzas más bajas y que al final allana las vías al juego oculto del Judío: ésta seria en tal campo la táctica de la conjura semítica.

Mamonismo: la divinificación del dinero y de la riqueza, la transformación del Templo en banco, según el precepto bíblico: "Tu Dios te quiere rico: tú prestarás dinero a muchos pueblos, pero no tomarás en préstamo de ninguno", serían una característica hebraica, agente en la historia, como causa primera, del hundimiento de las tradiciones occidentales en el materialismo moderno, hasta la omnipotencia de una economía sin alma y de una finanza sin patria. Y si sobre tal base poseen rasgos hebraicos la glorificación puritana protestante del éxito y de la ganancia, el espíritu capitalista en general, el predicador-empresario, el hombre de negocios y el usurero con el nombre de Dios en los labios, la ideología humanitaria y pacifista al servicio de una praxis materialista, y así sucesivamente (Halfeld), adquiere por cierto un fundamento la afirmación de Sombart de que América es en todas sus partes un país estructuralmente hebraico y que el americanismo "no es sino espíritu hebraico destilado", o la de Günther de que los portadores y difusores del denominado espíritu moderno son en prevalencia Judíos; o finalmente, la de Wolf, de que la más estricta conexión entre Anglosajones y Masones bajo el signo hebraico es la clave de la historia occidental de los últimos siglos.

Y así como el judío Carlos Marx (cuyo nombre originario era Mardochai), siguiendo esta perspectiva, se había empeñado en demostrar que lo verdaderamente real en la historia y en los destinos de las civilizaciones es sólo el dinero y el determinismo económico, quedando toda idealidad y espiritualidad como una vacía "superestructura" (evangelio culminante en la ideología soviética surgida de la revolución bolchevique, cuyos principales jefes, a excepción de Lenin, han sido también Judíos), del mismo modo una análoga acción de la inteligencia en el sentido de degradación materialista, de reducción de lo superior a lo inferior o de turbia revuelta de lo segundo en contra de lo primero, se deja entrever como un rasgo común en las manifestaciones más variadas del espíritu hebraico en la cultura moderna. Judíos eran Heine y Börne con su ironía corrosiva. Judío era Freud (y con él los principales exponentes de su escuela "psicoanalítica"), sostenedor de la primacía de las fuerzas oscuras de la *libido y* del inconsciente psíquico sobre todo lo que es vida consciente y autoresponsable, reductor de toda forma espiritual a "sublimación" o "transposición" de instintos sexuales. Judío era Bergson quien, en una no diferente dirección, ha promovido un ataque en contra del intelecto y en contra de la validez de sus principios explicativos en nombre de la religión de la "vida" y de lo irracional. Judío era Nordau, empeñado en reducir la civilización a convención y mentira, de la misma manera que el judío Lombroso entre nosotros se ha empeñado en establecer siniestras ecuaciones entre genio, epilepsia y delincuencia. Judíos son en gran parte -a partir de Reinach y de Durkheim- los promotores de aquellas modernas interpretaciones "sociológicas", "naturalistas" y "ancestrales" de las religiones, que entenebrecen siempre más el contenido superior, metafísico y trascendente. Judío es Einstein quien, luego de haber disuelto, con el principio de la relatividad generalizada, toda certeza de la filosofía anterior, deja sólo subsistir las "invariables" de un mundo matemático sin alma, separado de cualquier intuición sensible y de cualquier punto de referencia. Judío es Samenhof, el inventor de la "lengua internacional", el esperanto, un intento de nivelación sobre el mismo plano de las distintas tradiciones lingüísticas. Si Ricardo Wagner ya en 1850 había denunciado el peligro judaico en la música, un importante papel tiene el espíritu judío en el desarrollo del ironismo operístico (a partir del judío Offenbach y de Sullivan), luego en el desarrollo de la música atonal (el judío Schomberg) y rítmico- orgiástica (el judío Strawinsky), finalmente el sincopado negro americano, el cual para muchos antisemitas racistas introduciría un elemento barbáricamente disgregante del alma moderna y que tendría justamente a judíos entre sus principales compositores e incluso ejecutores de jazz. Nuevamente se debe en gran parte a elementos hebraicos aquella moderna literatura y aquel teatro en los cuales la sensación es el factor predominante: en los cuales la obsesión por el eros con sus múltiples complicaciones y, en general todo lo que en lo profundo del hombre se esconde como intolerancia por las costumbres, morbosidad, instinto, se convierte en el núcleo central, uniéndose a procesos tendenciosos en contra de presuntas injusticias sociales, que apuntan a la corrosión de las certidumbres éticas tradicionales (Wassermann, Döblin, etc.). Además, los antisemitas creen poder descubrir notables influjos hebraicos en el desarrollo del neonaturismo y en las desviaciones en formas puramente materialistas del deporte; en una praxis médica entonada también en forma materialista, sobre todo en el dominio sexual; en obras que, con la excusa de ser científicas y técnicas, ponen siempre de relieve los aspectos inferiores de la historia y de las costumbres; finalmente, en la banalidad sofocante y en la estandarización impuesta al mundo por la cinematografía norteamericana, casi en su totalidad dominada por judíos (un tal control judaico parece extenderse a las casas Paramount, Metro-Goldwin, United-Artistes, Universal Pictures, Fox-Film). Formulando de tal manera las cosas, es evidente que se arribe a pensar justamente que el desarrollo de la cultura mundial en los últimos tiempos, si no es nada menos que un fenómeno hebraico, a pesar de ello, es algo que no se puede concebir prescindiendo de un influjo hebraico sumamente mayor hoy en día que en los siglos pasados.

Pero en este punto se formula el problema al cual hemos hecho mención ya al comienzo y que por lo demás se volverá a presentar al tratarse acerca del judaísmo en el plano económico social: es decir se trata de ver hasta cuál punto se puede seriamente considerar al Judío como la causa determinante y como el elemento necesario y suficiente para explicar todos los movimientos negativos indicados más arriba y hasta cual punto el Judío aparece en vez sólo como una de las fuerzas en acción en un fenómeno sumamente más vasto, que es imposible remitir a simples relaciones de raza.

Remitiéndonos a los tres aspectos ya indicados, en cuanto al fenómeno internacionalista, el mismo trasciende seguramente lo que puede sensatamente ser adscrito a cargo de la influencia del pueblo judío, originariamente nómade, luego disperso y convertido en una especie de Estado internacional difundido en cada Estado. Aun queriendo mantenernos a cualquier costo en el plano étnico, como causa de tal fenómeno cuanto más se puede poner a la mezcla de las razas en general, lo cual sin embargo se traduce en lo que De Gobineau y Chamberlain denominaron el "caos étnico" sólo en los momentos históricos en los cuales cada fuerza superior espiritualmente organizada cesa de estar presente. Simultáneamente debemos recordar lo que hemos dicho en el anterior capítulo acerca de la confusión entre universal e internacional, puesto que también a tal respecto se es demasiado propensos a considerar como hebraico y deletéreo no sólo a lo internacional, sino, de manera genérica, a todo lo que puede constituir un principio superior a un simple y limitado particularismo nacional-racista. Que en el campo de la cultura y de la literatura, en el inmediato posguerra y en una cierta medida también hoy, la tendencialidad internacionalista en el mal sentido haya recabado del judaísmo buena parte de sus exponentes es sin embargo un hecho, y en esta medida una actitud genérica de antisemitismo tendría su justificación. Pero sería también ingenuo desconocer que el internacionalismo es un efecto deletéreo, de la misma manera que fatal, de la estructura misma de la civilización y de la vida moderna, no tratándose simplemente de un influjo étnico.

Esto nos remite al segundo punto. ¿El racionalismo y el cálculo son fenómenos meramente hebraicos? Aquel que quisiese contestar con un sí, se hallaría también obligado a pensar que los primeros movimientos antitradicionalistas, criticistas, antirreligiosos y "cientistas" de la antigua civilización griega habrían sido propiciados o iniciados por judíos; que Sócrates fue Judío, y que Judíos fueron no sólo los nominalistas medievales, sino también Descartes, Galileo, Bacon, y así sucesivamente. En efecto, si nosotros queremos caracterizar analógicamente como "semítica" o "hebraica" a la actitud que pone la medida y el cálculo dirigido hacia el dominio de la materia como ideal en lugar de la contemplación y de la consideración de todo lo que en las cosas es cualitativo e irreducible a números y leyes matemáticas sin alma, ¿no deberíamos quizás denominar como "semita" a todo el racionalismo cientificista y a todo el método experimental que han dado lugar al mundo moderno de la técnica y de la misma industria? Por más que la pasión por el número sin vida y por la razón abstracta sea una característica de los Semitas, y el Judío en todos los campos haya sido pintado como aquel que calcula y cuenta -también aparece claro que en tal campo se puede aun hablar de un espíritu hebraico disgregador a través del racionalismo y del cálculo, hasta un mundo hecho de máquinas, de cosas, de dinero más que de personas, de tradiciones, de patrias- es dable tan sólo usar este término "hebraico" en sentido analógico, aunque sin una obligada referencia a la raza. ¿Cómo se podría si no identificar seriamente judaísmo y americanismo? En el proceso concreto del desarrollo de la civilización moderna, el judío puede ser considerado como una fuerza operante en concordancia con otras en la construcción de la "civilizada" decadencia racionalista, cientificista y mecanicista moderna, pero no como la única causa de amplia perspectiva. Creer esto, sería en verdad una estupidez. La verdadera verdad es que se ama más combatir en contra de fuerzas personificadas que no contra principios abstractos o contra fenómenos demasiado generales como para poder ser atacados prácticamente. Así nos hemos dirigido en contra del Judío en la medida en que éste pareció recoger en sí, en una forma característica, lo que sin embargo se encuentra difundido en esferas mucho más amplias, aun entre las naciones que han permanecido más inmunes a la infiltración hebraica. Y nosotros por lo demás hemos ya hecho mención a que Rosenberg y Chamberlain, para combatir en contra del sobrenaturalismo católico, es justamente a instrumentos ya utilizados *mutatis mutandis* por la polémica laica masónica y demoliberal que ellos echan mano; ni tampoco rehuyen tales defensores del arianismo puro de realizar un muy híbrido matrimonio entre la idea racista y la exaltación del mundo de la técnica y de la ciencia "europea", la que se basa justamente en el cálculo, en el número y en el intelecto abstracto.

Allí donde la tesis antisemita parece tener un mayor derecho a la existencia es en el plano económico-social, en orden al efectivo génesis sea del capitalismo como de su oposición dialéctica, también pervertidora, el marxismo: pero de ello nos ocuparemos en el capitulo siguiente. Para todo lo que es propiamente arte, pensamiento, literatura, es irrebatible que muchísimas producciones de los Judíos manifiestan el rasgo común de un efecto disolvente, de una *Schadenfreude,* de un instinto por envilecer, ensuciar y rebajar todo lo que es reputado como elevado y noble, y de desencadenar al mismo tiempo tendencias oscuras, instintivas, sexuales, prepersonales. Los nombres que los antisemitas reúnen, en un conjunto significativo y siempre susceptible de ser enriquecido, constituyen en verdad un hecho. Pero aquí se plantea un problema ulterior y fundamental que puede valer también para los otros aspectos de una acción judaica eventualmente constatada: ¿hasta cuál punto podemos reconocer una intención y un plan como base y principio generador de tal acción? ¿Tenemos nosotros que ver con una sustancia que manifiesta una acción negativa por su misma naturaleza, es decir sin quererlo propiamente, de la misma manera como al fuego le resulta propio quemar, o bien tiene un fundamento real la hipótesis de una especie de conjura del pueblo judío empeñado en promover ocultamente una obra espiritualmente destructiva como premisa para la realización de sus fines de venganza y de dominio universal?

Creemos que la primera alternativa es la mayormente verosímil. Por cierto, si nosotros dirigimos la mirada sólo a los efectos del judaísmo en los tiempos últimos, puestos de relieve por los antisemitas, muchas veces se nos presenta la idea de que todo procede como si la segunda hipótesis sea la justa, como si hubiese efectivamente una inteligencia - una inteligencia, digámoslo así, "demónica"- en el conjunto de tales efectos por más dispersos que éstos se encuentren en el espacio y en el tiempo y en la variedad de las civilizaciones y de las formas exteriores. Pero si nosotros consideramos en general todo aquello que puede valernos como negativo y como caída ante los ideales de una espiritualidad y de una civilización de tipo "ario" (término al cual en las anteriores páginas hemos dado un sentido no racial, sino tipológico) entonces una realidad mucho más compleja se nos hace presente, y la idea que se nos aparece es quizás todavía la de un plan, sin embargo tal que en el mismo el elemento hebraico, y en general semítico, tiene sólo un papel singular, no irrelevante (en especial si se ven las relaciones que el semitismo tiene sea con el cristianismo, sea con el protestantismo, sea con el Occidente capitalista y masónico), pero que es sin embargo siempre algo singular y probablemente tan sólo instrumental. En otras palabras, lejos de referir al pueblo judío la dirección consciente de un plan mundial como de acuerdo a un mito antisemita demasiado fantasioso, nosotros tendemos a ver, en un cierto instinto hebraico de humillar, degradar y disolver, a la fuerza que en algunos momentos históricos ha sido utilizada para la realización de una trama mucho más vasta, cuyas últimas filas, a nuestro parecer, retroceden más allá de los acontecimientos aparentes así como también del plano en donde están en juego las energías simplemente étnicas.

Por lo tanto, como conclusión, en el campo de la cultura no

creemos que el antisemitismo pueda sin más ser sinónimo de defensa tradicional de nuestra civilización: mientras ello es posible en mayor medida sobre el plano del espíritu, es decir de la religiosidad y de las concepciones generales del mundo. De otro modo, confundiendo el todo con la parte, se perderá de vista aquello que en el todo, además que en la parte, debe se atacado. En las artes, en las disciplinas científicas y especulativas, en la ética, en la literatura, en el teatro, el antisemitismo puede tener derecho sólo como fase de una lucha más vasta, de modo tal que el mismo no podría ser justificado en manera general, sino sólo en casos particulares, dando al mito del Judío omnipotente, a través de las dos armas del oro y de la inteligencia disgregadora, sólo el valor de las denominadas "hipótesis de trabajo": de aquellas hipótesis que, aun si no son plenamente verdaderas, son sin embargo útiles para coordinar hechos y orientarse frente a su conjunto. El antisemitismo no podrá pues figurar de otro modo que como un momento de una actitud totalizadora, capaz de definirse en sí misma, sin apoyarse unilateralmente en la referencia racial, arribando, en todo caso, hasta la raza y reconociendo en ésta elementos que pueden facilitar una investigación de conjunto, pero no partiendo de ésta Aquí en el fondo se debería conceder mucha más atención de lo que se hace habitualmente al reconocimiento hecho por los mismos racistas sobre la base de la generalización de las denominadas leyes de Mendel (las leyes que regulan la herencia), y por lo tanto: que por la fuerza de las cruzas, de la permanencia y de la independencia de las herencia es posible que, por ejemplo, un alma antinórdica se albergue en un cuerpo racialmente nórdico, y viceversa. Una vez más, debe partirse desde los principios; desde antítesis ideales, como guía para la definición o la integración de toda ulterior y subordinada antítesis.

Y a tal respecto se trata de referirse esencialmente al ideal de una civilización diferenciada, que haya de integrarse universalmente. Que frente a la disolución internacional contraponga el culto de la personalidad y de la cualidad, frente al iluminismo laico y a la concepción del mundo comprendido como número y cantidad, los valores del antiguo *ethos* aristocrático y heroico de los antiguos Indoeuropeos, sosteniendo aquel estilo, que hacía llamar a los antiguos jefes escandinavos "enemigos del oro". Que frente a los valores practicistas, mercantilistas y socializantes, contraponga las expresiones de una nueva firmeza fundada en el elemento olímpico -es decir calmo, claro y dominador desde lo alto- del ser humano ante las contaminaciones de un arte, de una psicología y de una literatura que, como la actual, y sobre todo la originada por elementos hebraicos, se encuentra tan obsesionada por lo erótico, por lo irracional, por lo promiscuo, casi por lo patológico y por lo prepersonal de la naturaleza humana. Es entonces como serían atacados a pleno los objetivos verdaderos que incluyen ampliamente aquellos que el antisemitismo nunca podrá proponerse.

III

EL PROBLEMA JUDÍO EN EL MUNDO ECONÓMICO-SOCIAL.

En el primer capítulo hemos tratado acerca del semitismo en el mundo religioso y **espiritual:** poniendo al judaísmo en relación con las otras civilizaciones de estirpe semítica, estudiando los caracteres que diferencian a esta civilización, en lo relativo al concepto de lo divino y de la actitud ante el mismo, de la que es propia de las razas de origen indoeuropea ("aria"). De este modo hemos llegado a justificar una actitud antisemita y, de manera derivada, antihebraica a nivel espiritual: sobre todo por lo que se refiere a las formas que ha asumido la religiosidad hebraica con el profetismo, luego del derrumbe político del "pueblo elegido". En el segundo capítulo hemos tratado al judaísmo (puesto que aquí es justamente al judaísmo y no al semitismo en general que nos debemos remitir) en el mundo **cultural** y hemos justificado las tesis antihebraicas tan sólo parcialmente: aun reconociendo la acción negativa que el elemento judaico, difundido en los tejidos de las distintas civilizaciones nacionales nohebraicas, ha muchas veces ejercido, sea como "inteligencia" disgregante y envilecedora, sea como germen de racionalismo, de materialismo y de internacionalismo. Nosotros hemos hallado sumamente discutible a la tesis antisemita, según la cual esta acción sería conforme a un plan predeterminado, a una verdadera y propia conjura de odio, en vez de ser el efecto natural de ciertos aspectos predominantes en el carácter innato del judío. Si en relación a la decadencia de la civilización en los tiempos últimos debemos hablar de un plan, hemos visto que el mismo debe ser concebido en modo tal que el elemento judío figure en el mismo sólo como un instrumento de "influencias" que tienen su verdadero centro en una esfera sumamente diferente de la simplemente condicionada por las "almas" de las razas.

Esta misma es la conclusión a la que arribaremos también en este capitulo, en el cual nos proponemos examinar las razones del antisemitismo en el campo **político** y **económico**. Aquí aparecen esencialmente dos corrientes, extremista y generalizada la una, nacionalista y de carácter esencialmente práctico la otra.

La primera puede decirse que tiene por centro a los famosos *Protocolos de los Ancianos Sabios de Sión*. Mucho se ha discutido acerca de la autenticidad de este documento, que habría sido secuestrado de los archivos de una logia oculta, una especie de cuartel general del judaísmo internacional, y divulgado abusivamente por alguien que, justamente por esto, habría sido asesinado por emisarios judíos. Pero Preziosi, quien ha editado en italiano tal documento, ha sido quien ha resaltado que esta cuestión relativa a la autenticidad es, en el fondo, secundaria, por la siguiente razón: que tal documento, publicado antes de la primera guerra mundial, expone un plan cuya realización la historia última nos la muestra con una evidencia a veces impresionante. Así pues, aunque el documento fuese falso, aunque no existiese en manera metódica y organizada la conjura de la cual el mismo nos habla, queda sin embargo el hecho de que es como si la misma hubiese en verdad existido, de modo tal que el concepto de tal conjura es susceptible de valer como una "hipótesis de trabajo" apta para recoger, de acuerdo a un significado unitario, fenómenos, acontecimientos y movimientos sociales distintos entre sí, pero sin embargo convergentes. Preziosi en su edición ha recopilado también distintos documentos que llegan a reforzar realmente tal punto de vista.

El plan de los *Protocolos* es el ya indicado en el anterior capítulo: la voluntad de dominio de Israel, que quiere convertirse en dueño del mundo cristiano, tenaz en la persuasión de ser el pueblo llamado por Dios para esto. Sólo que el tema es dado aquí en términos prevalecientemente políticos y económicos. El obstáculo hallado por los Judíos habría sido esencialmente todo lo que hacía del Occidente un bloque de sociedades nacionales diferenciadas, monárquicas y tradicionales. Se trataba pues de destruir prioritariamente todo esto, pero no directamente - porque esto habría resultado imposible a los Judíos- sino indirectamente: difundiendo ideologías que propician la revolución social, tratando de poner tendenciosamente de relieve los aspectos negativos, los abusos y las injusticias de los antiguos regímenes, esparciendo el germen de un espíritu crítico e iluminista dirigido a corromper el íntimo cimiento ético de las antiguas jerarquías, propiciando para tal fin el materialismo, el individualismo, la reducción de todo interés al meramente económico, al dinero. Como acción práctica más directa se encuentra la de alimentar y sostener luchas de clases, revoluciones e incluso guerras. Disgregada Europa por tal vía, gobernando en ella los ídolos del liberalismo anárquico y del oro, el dique tradicional capaz de crear resistencia al Judío es quebrado y puede iniciarse así la ofensiva, el ascenso al poder por parte de Israel. Reducidos los pueblos a no creer en otra cosa que no sea en el oro, a no obedecer a otros que no sean los exponentes de la cultura crítico- racionalista y de la "opinión publica", para el Judío no se trataba de otra cosa que de convertirse en dueño de tales instrumentos, es decir, de la prensa, de la finanza y del profesionalismo intelectual. Con esto los hilos conductores de la sociedad moderna habrían pasado invisiblemente a las manos de Israel. Naciones, gobiernos, parlamentos, *trusts,* etc., aun sin saberlo, se convierten en sus instrumentos. No queda sino conducir, con cautelosa táctica, a los pueblos, pero sobre todo a sus estratos inferiores, a un estado tal de exasperación y de malestar, a fin de producir el último derrumbe. Entonces Israel se presentará a la luz cual soberano universal, anunciador de la verdad y de la justicia ante pueblos reducidos al papel de masas sin personalidad, sin libertad, sin tradición propia.

Éste es en síntesis el plan contenido en los *Protocolos*. Los cuales a tal respecto han ejercido una enorme influencia sobre el antisemitismo, influencia que bajo múltiples aspectos ha alcanzado al mismo Hitler. Veamos hasta cuál punto una tal postura contiene elementos correspondientes en verdad a la realidad.

Lo primero que hay que conceder es que el curso de la historia social y política de la Europa moderna parece responder efectivamente a los objetivos establecidos por los *Protocolos*: derrumbe de las antiguas constituciones monárquico-aristocráticas, iluminismo revolucionario, iusnaturalismo, advenimiento de la burguesía liberal-democrática, oligarquía del capitalismo y omnipotencia de la economía, finalmente marxismo y -luego del derrumbe de la guerra mundial- bolchevismo. Pero el problema también aquí es: ¿hasta cuál punto pueden considerarse a los acólitos de los Judíos como elementos directores o propiciadores de tales fenómenos?

Es natural que quien, como Moltke, cree en los "Superiores desconocidos", remitiéndose a su vez a un Jefe llamado el "Príncipe de la Esclavitud", al cual no sólo le obedecerían los más importantes núcleos del judaísmo esparcido por el mundo, sino que actuaría a su vez a través de elementos judaizantes e incluso no judíos; es natural que quien crea en esto, tenga siempre manera de ver por todas partes al judío, puesto que a tal respecto se retrocedería hacia un terreno en el cual ninguna investigación positiva puede ser decisiva.

Algunos puntos pueden sin embargo ser establecidos. Una relación existe sin duda entre la tradición hebraica y la masonería. En 1848 el masón von Knigge tuvo ocasión de escribir: "Los Judíos han reconocido que la masonería era un medio para fundar firmemente su imperio secreto".

Un juicio de conjunto acerca de la masonería debería tomar en consideración múltiples elementos. Parece que inicialmente, antes de la Revolución Francesa, la masonería hubiese sido sobre todo una organización iniciática, no privada de relación con el rosacrucismo, por lo tanto con tradiciones espirituales que se remitían en el fondo al mejor Medioevo (Templarios, Fieles del Amor, etc.). Es en un segundo momento que la masonería asume los caracteres militantes y las tendencialidades conocidas por todos, dentro de una verdadera y propia deformación de aquellos elementos recabados por ella de las ya mencionadas tradiciones espirituales: por lo cual, por ejemplo, de una actitud súper católica (como podía ser, suponemos, la Templaria), se pasó a una actitud anticatólica y, al final, de carácter laico e iluminista. En este segundo período es muy posible que la masonería haya estado dirigida por fuertes influencias hebraicas. Pero a su vez, por más que no sea notoria en todo su alcance, es innegable el papel que la masonería ha tenido en la preparación teórica y, según algunos, también en la práctica, de la Revolución Francesa, germen primero de toda sucesiva subversión antitradicional en Europa.

Un segundo punto: El marxismo y el socialismo en general son directamente criaturas de judíos y del espíritu judaico, y judíos son también los principales padres y apóstoles de la social democracia internacional. Son judíos en efecto, sobre todo, Karl Marx (Mordachai), luego Lasalle (Wolfson), Rosa de Luxemburgo, Landauer, Kautsky, Singer, Elsen, Bernstein, Trotsky. El liberalismo, al unirse a la democracia, se judaiza, y este matrimonio entre liberalismo y democracia tiene nuevamente sus exponentes en Judíos, como por ejemplo, Riesley, Jakoley y Simson. La acción deletérea de tales ideologías se continúa en las doctrinas pacifistas, comprendidas como las que tienden a la paz a cualquier precio, sin tener en cuenta que ésta puede ser mas nociva que una guerra de defensa o de conquista; que convierten en ridículo al ideal de una muerte heroica por la patria; que ponen como fin más alto y superior al valor de hermandad universal con la subordinación completa de todo interés nacional y de raza ante el interés abstracto de la "humanidad" (Miller). Pero esta ideología pacifista a su vez posee estrechas conexiones con la masonería judaizada, y, en el fondo, la Sociedad de las Naciones refleja exactamente su espíritu.

El Judío Klee tuvo ocasión de escribir estas palabras significativas: "La Sociedad de las Naciones no es tanto una creación de Wilson cuanto una obra de arte del Judaísmo, de la cual podemos considerarnos orgullosos.

La idea de una Sociedad de las Naciones se remonta a los grandes profetas de Israel, a su concepción del mundo plena de amor por todo ser humano. Así pues el concepto de una Sociedad de las Naciones es un auténtico patrimonio hebraico". Naturalmente aquí hay que dejar a un lado el aspecto hipócritamente humanitario de la Institución ginevrina: los más recientes acontecimientos podrían más bien ofrecer a los antisemitas un material precioso para descubrir que aquello que en última instancia guía verdaderamente a la Sociedad de las Naciones es justamente esa oligarquía capitalista de trasfondo ideológico demoliberal en el cual éstos entreven el mayor instrumento de dominio del judaísmo.

Es esencial, en la forma extremista de antisemitismo, que nosotros consideramos aquí, la idea de que la acción judía asumiría, de acuerdo a los casos y a los lugares, ahora una y ahora otra forma, formas que aparentemente pueden ser incluso opuestas, pero que sin embargo procederían de una única intención, y estarían ordenadas hacia la realización de un mismo fin. Así la acción judaica se desarrollaría ahora a través del pacifismo, ahora a través del militarismo: ahora a través del capitalismo, ahora a través del marxismo. Franck escribe por ejemplo: "La doctrina marxista no corresponde a la realidad, sino al espíritu y a la necesidad del judaísmo, el cual no considera sino problemas de materialidad y de dinero y se ríe de cualquier ideal y de cualquier "superestructura" espiritual. Es una fuerza de nivelación lanzada en contra de todo valor de raza y de sangre".

En cuanto luego a las formas subvertidoras del judaísmo, algunos hechos nos resultan ciertos, y es que un influjo hebraico ha acompañado a casi todas las revoluciones modernas. Masones judíos son Crémieux y Gambetta, en relación con la revolución francesa del año 1848: el héroe de los revolucionarios españoles fue el judío Ferrer y otros judíos aparecieron en primera línea en la revolución portuguesa de 1907 y de 1910. Los Jóvenes Turcos fueron en gran parte judíos, y la masonería judía jugó un papel innegable en la revolución rusa de 1905 y luego en la misma revolución bolchevique: a excepción de Lenin, todos los jefes más notorios de la revolución bolchevique de octubre, a partir de Trotsky, fueron judíos y el bolchevismo ha conservado también en forma sucesiva oscuras relaciones con la finanza judeo-masónica internacional. En la revolución austriaca y magiar, en la alemana de 1918 y en el sucesivo régimen socialdemócrata alemán, elementos judíos volvieron nuevamente a escena, y así sucesivamente.

Por lo tanto: acción concordante de revueltas antimonárquicas y antitradicionales por un lado, por el otro, de nivelación internacionalista, pacifista o socialdemócrata. Algunos antisemitas llegan hasta a sostener la idea de que la misma guerra mundial, concluida con el derrumbe de los Estados europeos que más conservaban la antigua constitución aristocrático-imperial, habría obedecido en gran medida a las tramas del judaísmo y en todo caso habría sido financiada prevalecientemente por la banca judía inglesa y americana y, en verdad, estas palabras de un judío, Ludwig, son sumamente significativas: "El derrumbe de estas tres potencias (Rusia zarista, Alemania monárquica, y Austria católica) en sus antiguas formas, significa una facilitación esencial para las directivas de la política hebraica. La guerra fue hecha con el fin de imponer a Europa central formas políticas modernas (es decir, demoliberales), como las que regían alrededor de la misma... Los defensores de una paz separada (con Rusia) habrían podido salvar sea al Zar como al Káiser conservándonos una Europa insoportable". Hitler va aun más lejos: él cree que los Judíos, reconociendo el valor fundamental que tienen la raza y la sangre, en tanto fuerzas creadoras de verdaderas civilizaciones, se han entregado a una obra sistemática de contaminación biológica de las razas con el fin de dispersar definitivamente los últimos veneros de sangre pura. Incluso el envío de tropas de color a la zona renana, es considerado por Hitler como una parte de este plan: el sadismo hereditario del enemigo del pueblo germánico (Francia) se habría asociado aquí con la voluntad de contaminación del Judío, que habría reconocido a Alemania como su mayor obstáculo para su expansión.

En las páginas anteriores hemos ya hecho mención a aquello que existe de real en la idea de la conquista del. poderío económico por parte del judío: la difusión del liberalismo y de la democracia, la remoción de los residuos tradicionalistas, serían simplemente medios para propiciar tal conquista. Prescindiendo de la cuestión racial, se tiene de cualquier manera aquí en forma natural una verdad: naturalismo y democracia son puros mitos: aquello que se realiza a través de éstos es el pasaje del poderío de las manos de antiguas aristocracias a las de oligarquías capitalistas de la industria y de la alta finanza. En las posiciones de poderío de la industria y de la alta finanza internacional el elemento hebraico se encuentra ampliamente representado. Esto es todo lo que se puede decir desde un punto de vista rigurosamente positivo. El mismo Marx escribió estas palabras:

> "Cuál es el principio práctico del judaísmo? La tendencia práctica, la propia utilidad. ¿Cuál es su dios terrestre? El dinero. El judío se ha emancipado en modo hebraico no sólo en cuanto se ha apropiado del poder del dinero, sino también en cuanto por medio suyo el dinero se ha convertido en potencia mundial y el espíritu practicista hebraico se ha convertido en el espíritu practicista de los pueblos cristianos. Los Judíos se han emancipado en cuanto los Cristianos se han convertido en Judíos. El dios de los Judíos se ha mundanizado y se ha convertido en el dios de la tierra. El comercio es el

verdadero dios de los Judíos".

Esta constatación es extremadamente interesante, puesto que con la misma se ve la necesidad de superar el aspecto estrechamente racista del antisemitismo. Si, como lamentablemente es cierto, el mundo cristiano, pasando a la religión del interés práctico, de la ganancia, del trafico del oro y del préstamo a interés, se ha judaizado, aquello que se debe verdaderamente combatir no es tanto al judío en sí mismo cuanto a una *forma mentis* que, si se quiere, puede denominarse analógicamente "hebraica", pero que no por esto deja de estar presente aun allí en donde no sería ni siquiera posible hallar una gota de sangre semita. Y a tal respecto se vuelve a presentar la duda ya formulada en los anteriores artículos, es decir que, mientras se apunta por comodidad o por intereses empíricos en contra del judío, el verdadero objetivo al que en cambio no se toca es en vez un aspecto fundamental propio de la misma sociedad moderna. También la alternativa ya formulada acerca de si se trata de un instinto hebraico, o bien de un plan hebraico, se vuelve a presentar en lo relativo al judaísmo en el campo político y social, y a nosotros nos parece que también aquí esto debe ser resuelto en el mismo sentido: la hipótesis más verosímil es que la acción del elemento hebraico en todos los fenómenos reales arriba descriptos sea más instintiva y casi involuntaria, por lo tanto esparcida, en vez que ordenada por una idea unitaria y conforme a un plan y a una técnica astuta y predeterminada.

Pasemos ahora a la segunda forma de antisemitismo, la de carácter concreto y práctico. La misma se apoya esencialmente sobre bases nacionalistas y racistas, sin preocuparse de más elevados horizontes. El punto de partida es éste: si bien no existe una conjura trascendente, hay en cambio un sentimiento de solidaridad entre los judíos esparcidos en todos los diferentes Estados, existe su unidad en una moral propia, opuesta a la de las otras razas; existe una praxis hebraica de mentira, de astucia, de hipocresía, de explotación, una habilidad en escalar de a poco todos los puestos de mando. Los puntos de acusación son aquí indicados en diferentes máximas del *Talmud* según las cuales "sólo los judíos pueden denominarse hombres, los no-judíos no son hombres, sino animales". Sobre tal base el judío tendría sin más el derecho de explotar, a través del engaño, al no judío; el adulterio cometido por el judío con una no judía no sería tal y cualquier otro abuso ético no constituiría pecado; se declararía que "el patrimonio y los bienes de los no judíos deben considerarse como sin dueño y que quien llega primero tiene derecho sobre éstos"; que los judíos pueden ayudarse entre sí para engañar y explotar al no judío, siempre que después se dividan la ganancia; si han recibido en préstamo dinero de un no judío y éste muere, pueden apropiárselo, dado que nadie lo sabrá; finalmente resulta un deber de la raza hebraica el de prestar dinero, pero no tomar nunca prestado de nadie. Fritsch, en su libro *Handbuch der Judenfrage*, ha extractado tales exactos principios de un conjunto de textos hebraicos. Se trata de máximas secretas -él dice- que dan a la comunidad hebraica los caracteres no de una comunidad religiosa, sino de una conjura social: y los Estados "arios", al ignorarlas y al no defenderse, dando inconsideradamente a los judíos los mismos derechos, casi como si éstos siguiesen su misma moral, se ponen virtualmente en una condición de inferioridad, quedando reducidos, muchas veces sin darse cuenta de ello, bajo las manos de una raza extranjera, internacional y antinacional.

Por tal camino se formulan dos cuestiones, ética la una, de política social la otra.

Acerca del primer punto, se dice: no puede haber ninguna relación entre nosotros y una raza privada de sentimiento de honor y de lealtad y que actúa con estas dos fuerzas principales: el engaño y el dinero. El concepto social y "ario" debería aproximadamente formularse de esta manera: "El hombre sincero y recto pone su orgullo en merecer el derecho a la existencia a través de una leal actividad productiva. Él prefiere perecer antes que obtener ventajas a través de acciones que lo deshonren. La idea rigurosa de honor y de una justicia incondicionada ante los otros hombres constituye el presupuesto de toda vida heroica y se encuentra salvaguardada por el más profundo sentimiento del alma: por el sentimiento de la deshonra.

Un pueblo que renuncia al sentimiento de honor y de deshonra es indigno del calificativo humano: pertenece a la subhumanidad". Es por lo tanto absurdo, se concluye, exigir una paridad de leyes para Judíos y "Arios".

Se imponen medidas preventivas y defensivas. Dar la "libertad" a los judíos -en razón de tales premisas- significaría dejarle vía libre al demonio. Y es por esto que la ideología liberal y democrática es, *pour cause,* tan querida por los judíos: es la que mejor propicia su juego.

En segundo lugar es constatado prácticamente que, en especial en los países germánicos, los judíos han escalado no sólo lugares importantísimos en la alta finanza, en la bolsa, en los instrumentos de formación pública (prensa, así como radio y cine), sino también en casi todas las profesiones intelectuales, en especial en la abogacía y en la medicina, en la crítica periodística, etc. Y no se trata aquí de opiniones, sino de datos estadísticos positivos. En algunas ciudades alemanas el porcentaje hebraico en tales profesiones arribaba hasta el 80%, no permaneciendo ni siquiera el 20 en manos de verdaderos alemanes, mientras que en las otras ocupaciones sociales se tenía exactamente lo contrario, no figurando ni siguiera en el 5 o 7% de judíos como obreros o simples artesanos. En Viena aun hoy en día la estadística nos revela aproximadamente la misma proporción. Sobre tal base el antisemitismo eleva una acusación de explotación social: el judío no hace, no produce, sino especula y comercia sobre aquello que los otros hacen, sobre el trabajo ajeno, y por tal camino se enriquece y manda: él apunta directamente hacia las superestructuras intelectuales de la sociedad y deja a los otros las formas inferiores de trabajo.

Tal como es sabido por todos el nacionalsocialismo ha tomado precisas iniciativas para poder poner punto final a un tal estado de cosas. Con las nuevas leyes los judíos son marginados de cualquier cargo verdaderamente directivo en el Estado germánico, y se hace de manera tal de hacerle imposible la vida también en cualquier rama de la actividad privada y profesional. Son medidas en contra de las cuales muchos han protestado, viendo en ellas una violencia y una fundamental limitación de la "libertad": pero no se puede desconocer que las mismas son rigurosamente coherentes con la idea racista del Estado y con la concepción según la cual el Judío sería un elemento heterogéneo que cuanto más se puede hospedar, pero al cual no se. le puede conceder un verdadero ingreso en la comunidad de otra raza. Sin embargo, en tanto no se parte de premisas tan radicales y exclusivistas por un lado, pero por el otro más bien vacilantes, en tanto que el concepto de "ario" no es para nada determinado, el mismo queda reducido al totalmente negativo que comprende a todo lo que no es ni "judío" ni de raza de color. Prescindiendo pues de esto, debe decirse que los antisemitas, una vez que han constatado el hecho de un tan poderoso porcentaje de judíos en las profesiones intelectuales y en los puestos sociales de mando, no se preocupan por explicarlo. En efecto, aquí no nos podremos tan sólo remitir a la astucia y a las piruetas de los judíos o al poder de su dinero.

¿Habría quizás que reconocer en los judíos mejores hábitos intelectuales que los que poseen lo "Arios"? Se plantea así esta alternativa: o arribar a una humillante confesión de inferioridad, o bien, proveer a una total revisión de los valores, tal de desvalorizar, en nombre de ideales más altos, todo lo que se refiere justamente a las pseudo-élites de la intelectualidad profesional moderna, en donde los judíos son tan numerosos. Aun admitiendo una solidaridad cuasi masónica entre todos los judíos, habría que demostrar que todo judío, al ejercer una determinada profesión, o bien la pervierte, o bien la subordina a los fines de dominio de su raza. Si en cambio entre el ejercicio por ejemplo de la abogacía y de la medicina por parte de un judío y de un ario no hubiese diferencia alguna de carácter objetivo, no se ve por qué nos deberíamos preocupar del hecho de que el porcentaje mayor de los abogados y de los médicos sea o no judío. A tal respecto, la prohibición nazi a los judíos se encontraría efectivamente privada de cualquier seria justificación, la misma correspondería a una simple acción de dominio tendiente a asegurar perentoriamente a los miembros de un Estado no-judío un privilegio afuera de cualquier concurrencia o superior principio de referencia.

Es por esto que nosotros hemos denominado práctica a una tal forma de antisemitismo: en la misma a un espíritu de solidaridad se le contrapone otro espíritu de solidaridad, pero sin una referencia a una antítesis verdaderamente ideal y sin saber dar al ideal "ario" un contenido diferente de el de un "mito", de una imagen que vale no por su contenido, sino por su eficacia práctica y por su poder de sugestión. Lo mismo se podría decir de aquellos aspectos y de aquellas medidas del antisemitismo práctico que se remiten a la idea de la defensa y de la purificación de la raza, de la preservación de la misma del atentado de la alteración de la sangre: en efecto en tal antisemitismo el concepto mismo de "raza" y de la verdadera esencia de la misma queda así indeterminado, del mismo modo que el de "arianidad", la "raza" tiene esencialmente el valor de "mito", su precisión en términos absolutos y por ende sobre todo espirituales, resulta totalmente defectuosa y por lo demás en algunos la desviación doctrinaria y el fanatismo son tan avanzados que basta una referencia al espíritu para que reaccionen y crean ver en ello una insidia hebraica, un pretexto hebraico en contra de la raza.

El punto más justificado para una aversión práctica al Judaísmo, en todo caso, nos parece hallarse allí donde se ve en el elemento hebraico una de las causas principales de la creciente despersonalización y practicismo de la vida social, del advenimiento del dinero sin rostro como fuerza directiva central, de la bolsificación de la vida económica, es decir de la especulación sobre valores creados por otros y de los cuales a los otros no les queda sino un mínimo de goce a través de intereses, sociedades anónimas, préstamos ya no más entre personas y personas, sino entre desconocidos, hasta arribarse a un monstruoso engranaje omnipotente que arrastra consigo a los pueblos y condiciona sus destinos.

En tal sentido -aunque sin embargo en gran medida en sentido metafórico- la lucha en contra del judío omnipotente puede ser un símbolo eficaz. Pero para que, a partir de esto, se arribe a una praxis adecuada, es necesario algo más que un exclusivismo racista y no la solución drástica propuesta por Fritsch como conclusión de su *Manual:* la de expulsar de todo Estado a los judíos e imponerles comprarse alguna tierra en África o en Australia para desarrollar allí su existencia, civilización y economía: dado que para ello muy seguramente tendrían suficiente dinero. Hay que recordar en efecto la observación hecha poco antes a propósito de las Palabras de Marx, es decir, que el *virus* ya ha pasado a las mismas fibras de los pueblos "arios" y más aun, justamente es en relación a la finanza, la industria, el trabajo mecanizado y la racionalización, que muchos de estos pueblos continúan aun infantil e irresponsablemente midiendo los criterios de grandeza y poderío. No con medidas externas y violentas intervenciones militantes, sino a través de un profundo movimiento de saneamiento espiritual y a partir de un impulso que parta desde lo interior haciendo revivir aquellos valores, que en los anteriores capítulos en un nivel esencialmente suprabiológico y supraracial, a nivel de tipo de civilización de espiritualidad hemos definido como "arios", puede arribarse a una verdadera solución. De otra forma de un mal no se puede pasar sino a otro: tal como es el caso cuando no se sabe combatir al capitalismo o a la finanza internacional hebraica, es decir en nombre de un exclusivismo racista y particularista calcado, sin saberlo, justamente del modelo del cual Israel dio en la historia el más típico ejemplo.

Es la "hipótesis" de "trabajo" constituida por el mito mismo correspondiente a los *Protocolos de los Ancianos Sabios de Sión* que nos dice en vez por antítesis lo que verdaderamente nos resulta necesario. Si es verdad que, para realizar su plan de dominio universal, el judaísmo ha debido destruir sobre todo a la Europa monárquica-aristocrática y heroica, la Europa jerárquica, diferenciada y espiritual, sólo la restauración artificial, pero austera y viviente, de una tal Europa, hasta los límites de una integral romanidad, da el justo punto de referencia a quien quiera contraponerse no tan sólo a distintos aspectos concretos, parciales, visibles, en verdad condicionados por la raza, del peligro hebraico a nivel cultural, ético y económico-social, sino también al fenómeno mas vasto de decadencia presentado por la civilización moderna en general y procedente quizás de una "inteligencia" sumamente mas concreta, de aquella a la cual, sobre la base de oscuras sensaciones y transposiciones, el antisemitismo se ha referido con su mito de la conjura oculta de Israel.

SEGUNDA PARTE

ESCRITOS SOBRE LA CUESTIÓN JUDÍA DURANTE EL PERÍODO PREBÉLICO.

I

ACERCA DE LA GÉNESIS DEL JUDAÍSMO EN TANTO FUERZA DESTRUCTIVA

También en Italia la polémica antihebraica ha ya puesto en luz los principales aspectos de la acción destructiva del judaísmo. Sin embargo raramente ha sido formulado el problema de las causas, es decir, muy pocas veces se ha tratado de profundizar en los elementos por los cuales los Judíos, casi sin excepciones, ejercen una influencia en la sociedad y en la cultura de los pueblos no hebraicos en los cuales les toca vivir.

¿Se trata de cualidades de "raza" en el sentido genérico, es decir de disposiciones vinculadas a una determinada sangre? ¿Se trata de una herencia de siglos? ¿Se trata de una acción consciente y planificada? Y además: ¿los Judíos han sido siempre lo que se nos aparecen ahora? ¿Cuáles son las relaciones entre el judaísmo que hoy en día nosotros combatimos y el judaísmo tradicional?

En este artículo queremos contribuir al esclarecimiento de estos problemas. Para ello es sin embargo necesario asumir el punto de vista de aquel racismo que nosotros hemos denominado "totalizador", es decir, el que considera tanto a la raza del cuerpo, como a la "raza interna", esto es, a la del alma y del espíritu[1].

De acuerdo al punto de vista prevaleciente hasta nuestros días, los Judíos no constituyen una raza, sino un pueblo: son un pueblo mestizo, que ha recogido en sí mismo sangres diferentes y escorias de varias razas. Ya De Gobineau supuso que los Semitas en general hubiesen surgido a la vida de una mezcla entre blancos y negros. De acuerdo a las posturas másmodernas, en el Judío de hoy en día aparecerían esencialmente la raza levantina o armenoide y la raza desértica u orientaloide; además habría en ellos componentes de la raza camítica, de la negra, luego de la misma raza mediterránea y alpina y de razas secundarias sea orientales como europeas.

En contra de estas posturas Biasutti[2], retomando las ideas de Deniker, el cual había reconocido en el tipo protoasirio o asirioide a una raza en sí misma, ha creído poder concebir a los Judíos como a la única forma sobreviviente de esta misma raza asiria; en cuyo caso los Judíos no serían más una mezcla, sino una raza diferente. Landra ha reputado en esta misma revista como admisible una concepción de tal tipo y por ende como no impropia la expresión "raza hebraica" oficializada en Italia, por más que la misma haya suscitado múltiples críticas. Nosotros sin embargo no somos de tal parecer, constatando por otro lado que al respecto la cuestión ha sido formulada sobre un plano exclusivamente antropológico en el cual el problema hebraico no puede por cierto agotarse. Por lo demás, el elemento hebraico se encuentra lejos de presentarnos un tipo único y unitario y es también inútil escondemos a nosotros mismos que elementos raciales que aparecen en el uno o en el otro tipo hebraico, con evidente relación con la raza levantina o desértica o euro-africana (sud-mediterránea), aparecen también en pueblos distintos del hebraico, sin excluir a algunas partes de nuestra misma

---

[1] Dicha temática es vastamente desarrollada por el autor en su obra *La raza del espíritu*.
[2] Renato Biasutti, *Le razze e i popoli della terra*, Turin 1940.

población. Todo ello es visto desde una perspectiva puramente antropológica. Pero aquí nos apuramos en decir que la funcionalidad de los elementos somáticos y antropológicos comunes es en los múltiples casos sumamente diferente y es por tal vía que se arriba al aspecto que, para nosotros, resulta decisivo para tratar el problema hebraico.

De acuerdo a la tesis hoy predominante, el pueblo hebraico es pues una mezcla de razas, para no decir de detritos de razas, en preponderancia no-indo-europeas. Sin embargo el judaísmo se nos presenta innegablemente a través de los siglos como una unidad tal de hacemos aparecer al pueblo hebraico como uno de los más "racistas" que haya conocido la historia occidental. Nos preguntamos al respecto: ¿de dónde emana tal unidad? ¿De la raza del cuerpo, de la sangre? No. Ella emana de un elemento psíquico y espiritual. La base de la unidad hebraica es la Ley hebraica, la tradición hebraica. Y la existencia de una unidad hebraica, a pesar de la naturaleza compuesta y heterogénea de la materia prima humana -si es que me puedo expresar así-, debe ser considerada como un argumento a favor de la tesis de un racismo espiritualista: la misma demuestra aquello que, como fuerza formativa que se despliega hasta casi el mismo dominio corpóreo, pueden una idea y una tradición. Es la ley hebraica que, recabándolo todo de un caos de detritos étnicos, ha dado forma al tipo hebraico, como tipo sobre todo espiritual. Esta Ley sustituye la unidad que en otros pueblos está constituida por la raza verdadera y propia, o por la patria o por la tierra, o por especiales condiciones del ambiente. A través de esta Ley se han realizado una solidaridad y una unidad que se atiene sea en el espacio -es la unidad de Israel a pesar de su dispersión por el mundo sea en el tiempo, como permanencia de disposiciones hereditarias y de especiales instintos en las generaciones, a través de los siglos.

No es el caso aquí de reproducir las numerosas declaraciones de parte hebraica que confirman sin más este punto. En la concepción aquí expuesta se encuentra por lo tanto la premisa fundamental para comprender la génesis del judaísmo como fuerza destructiva. Podemos detallar en la manera siguiente los momentos fundamentales de esta génesis:

1) En primer lugar se debe considerar el retorno al estado libre de los detritos étnicos, que ya la Ley había frenado y mantenido juntos: estos elementos étnicos heterogéneos llegan a actuar entonces como fuerzas del caos, como fuerzas de disgregación. Al ser ellas mismas sin más forma, corroen a su vez a todo lo que tiene forma. Es de Guénon la justa observación de que para el Judío la Ley no tiene el significado que la propia tradición tiene para el que pertenece a otro pueblo. En otro pueblo aquel que se separa de la propia tradición es sostenido por otras fuerzas: tal como se ha dicho, se encuentra la raza o la tierra, se encuentra la patria o existen otras formas de unidad para sostenerlo. Pero esto en cambio no acontece con el Judío. Él no puede salir impunemente de la Ley, él no tiene más nada, él es restituido al elemento caótico, a la anti-raza y como tal actúa allí donde se encuentre. He aquí por qué Mommsen ha podido constatar que ya en el mundo antiguo el Judaísmo se ha manifestado como un fermento de internacionalización y descomposición nacional. El componente de la raza desértica, comprendido en la mezcla hebraica, potencializa la eficiencia de este elemento: el espíritu del nómada, del hombre sin hogar, exaspera esta acción de quien, afuera de la Ley, no tiene más ni patria ni raza verdadera, ni normas, ni tierra.

Hay que reconocer pues que hay dos aspectos distintos de la acción deletérea ejercida por el Judaísmo sobre los no-Judíos. El primero se conecta por cierto a elementos, digamos tradicionales, y nosotros pasaremos enseguida a estudiarlo y profundizarlo. Sin embargo el segundo, que se esclarece con las consideraciones que hacemos aquí, se refiere sobre todo a los Judíos que no son más Judíos tradicionales, sino, digámoslo así, Judíos "laicos o prácticos. Justamente, deviniendo tal, el Judío puede transformarse en una fuerza particularmente peligrosa. Se invierte pues la tesis de aquello que hacen presente los antisemitas en el hecho de que, sobre todo en el ámbito de la sociedad y de la cultura moderna, gran parte de lo Judíos atacados por nosotros no tienen nada que ver con su tradición y con su religión, por tratarse de Judíos "evolucionados" y "modernizados", de "intelectuales" que son los primeros en no tomar en serio las ideas de sus antepasados. Aun con plena reserva en lo relativo a lo que diremos enseguida acerca de la supervivencia de elementos de la tradición bajo la forma de instintos semiconscientes, se debe notar que justamente el pasar por decirlo así al estado libre de los Judíos despierta en éstos fuerzas particularmente disgregadoras, hace de éstos no los representantes militantes de una raza o de un pueblo en contra de otras razas o de otros pueblos, como puede ser el caso para los Judíos sionistas, sino simplemente la anti-raza y la anti-nación; no la antítesis de una cultura determinada, sino -tal como justamente escribió Fritsch- la antítesis de toda cultura en cuanto definida y formada por una determinada estirpe y por una determinada tradición. Es pues natural, y procede del aspecto aquí señalado, el hecho de que los Judíos de este tipo laico sean los máximos apóstoles del internacionalismo, de la socialdemocracia, del comunismo, del racionalismo y de toda otra ideología que se resuelva en un ataque en contra de la forma, de la diferencia y del espíritu tradicional. No hay peor *deraciné* que el hebraico, y ello porque el Judío - surgido de una mezcla de elementos raciales espurios y privados de patria, fuertemente influido por el componente de un pueblo nómada- en el fondo nunca ha tenido raíces.

2) Pero, según las posturas racistas predominantes, en la mezcla hebraica, el componente levantino no es de mayor peso que el oriental o desértico. Bajo un cierto aspecto, el mismo incluso prevalece, por el hecho de que la tradición hebraica, es decir, la fuerza formativa del tipo hebraico, en su religión se resiente notablemente de la concepción de la vida propia justamente del tipo de raza levantina. Es justamente de esto que procede otro aspecto de la acción negativa del Judaísmo.

3) Hay que recordar las características del alma de raza

levantina. Clauss ha denominado al tipo de tal raza *Erlösungsmensch,* es decir "el hombre de la redención". El hombre levantino se caracteriza por un típico dualismo entre cuerpo y alma. El cuerpo no vale para él, como en cambio acontece en *el* hombre ario normal, como un instrumento de expresión del alma, ni éste, como el tipo ario superior, clásico ario-romano, concibe la posibilidad de una síntesis en la cual la corporeidad y la espiritualidad sean retomadas en una vida más alta. El cuerpo vale en vez en el alma levantina como cruda materialidad, como "carne", como una cosa pecaminosa de la cual él debe "redimirse".

La espiritualidad vale para él como "santidad" y la santidad se encuentra más allá de la carne, tiene como presupuesto la redención de la carne. A no ser que este impulso hacia la redención puede fracasar y entonces es cuando se tiene una inversión de los valores. Aquel que, acicateado por la redención, había sido determinado para toda una vida, se precipita directamente hacia la materia, se abandona a una brama ilimitada por la materia, por el poder material, por el placer. En su crisis, este tipo se siente esclavo de la carne y por lo tanto no quiere ver a su alrededor sino a otros tantos esclavos como él. Él goza pues en todas partes en las que se descubra la ilusoriedad de los valores hacia los cuales las personas se proyectaban, allí donde los principios vacilen, allí donde las supremas aspiraciones se demuestren falaces, en todas partes en donde oscuros bastidores se manifiesten detrás de la fachada de la espiritualidad y de la sacralidad, en suma en todos aquellos lugares en los cuales nazca la impresión de que la ley de la carne, de la tierra, del sexo, de la materia, del oro, etc., sea la única, omnipotente realidad. Y casi para crear un justificativo para su fracaso, para su caída, este tipo, a veces conscientemente, otras inconscientemente, opera en forma activa a fin de que la vida se presente justamente bajo este aspecto y toda realidad superior vacile, toda pureza sea contaminada, todo ideal desilusionado.

Ahora debemos concebir nuevamente al Judío en el cual el

vínculo de la tradición de a poco ha sido menoscabado y en cuya sustancia racial, a partir de tal momento, se haga siempre más prevalecer el componente "levantino", es decir el del ahora descrito "hombre de la redención".

Mientras que la Ley impera, subsiste su temática central, es decir la Promesa (del Reino y de la redención para Israel), que alimenta una esperanza y provee un sostén. El elemento religioso y mesiánico tiene pues aun el papel de un imán que atrae y *fija* en sí el impulso hacia la "redención" del hombre levantino. Pero cuando esta tensión religiosa viene a menos, al no estar presente ninguno de los sostenes que un tipo superior, "ario" de espiritualidad puede ofrecer, por lo menos a nivel de ética y de concepción equilibrada de la vida, acontece la fractura, la crisis, la caída y la inversión aquí mencionada. El alma levantina se reafirma en el Judío de acuerdo a su alegría por la contaminación, de acuerdo a su instinto profundo de hacer vacilar a todo valor, de acuerdo a todas las compensaciones ofrecidas por el hundimiento en la más cruda carnalidad, en el mundo de la materia y del poder material y, no como última etapa, de la sexualidad.

Comprender esta situación interior significa también descubrir los orígenes y las causas del carácter que, casi sin excepción, es común a toda especie de "creación" hebraica moderna, se trate sea de ciencia como de economía, de literatura como de música, de ciencia de las religiones o de psicoanálisis, de criminología o de antropología, de derecho o de teatro, y así sucesivamente. Siempre se encuentra la misma temática, la misma tendencia o tendenciosidad, con una insistencia y una uniformidad tal de hacer nacer en algunos antisemitas la conocida sospecha de que se trata de un verdadero y propio complot, de un plan general de contaminación, de corrosión y de subversión estudiado cuidadosamente en su conjunto y luego confiado para su realización a los más variados elementos.

En base a la postura aquí expuesta, si no es el caso de rechazar sin más la idea de un complot, nos podemos sin embargo atener a la misma tan sólo como una "hipótesis de trabajo", puesto que en algún caso puede tratarse de algo semejante. El punto fundamental se encuentra no obstante en darse cuenta de una sintonía y de una unidad inconsciente de acción, cuyas raíces misteriosas se encuentran en un modo de ser, en las profundidades del alma de una raza, en la cual lo que para nosotros significaría crisis desde hace tiempo se ha convertido en una condición normal, ni se conserva más la conciencia y la intencionalidad que quizás al comienzo en el uno o en el otro caso han acompañado a manifestaciones de tal tipo, en los términos de una verdadera y propia venganza en contra del espíritu por parte del "hombre de la redención" decaído. Que sobre tal base, ciertas manifestaciones extremas del judaísmo limiten con el satanismo, no debe parecer para nada una exageración: y podría incluso darse que en la temática fundamental del anterior anti judaísmo de tipo religioso y cristiano -temática vinculada a la concepción de Israel cual pueblo deicida- se escondiese el oscuro presentimiento de una profunda verdad psicológica.

Estos puntos de referencia valen pues sobre todo para la acción deletérea del judaísmo en el campo cultural e intelectual, con particular referencia a los tiempos más recientes y a los judíos "laicos" y "evolucionados". Aparte de la hipótesis, que se podrá o no verificar, de acciones concertadas, se trata de una "naturaleza propia" vinculada a una determinada raza presente en el pueblo hebraico y reforzada por las formas que una tradición ha retomado del espíritu de tal raza a fin de actuar en modo preciso, aun afuera de la conciencia y de la voluntad de los sujetos en las manifestaciones del judaísmo en los diferentes planos.

Es así como en muchos casos no sería conveniente hablar de una verdadera y propia responsabilidad: no puede por cierto hacerse responsable a un ácido si corroe o a una bacteria si intoxica. El ácido no sería más aquel ácido, ni la bacteria aquella bacteria si produjese efectos diferentes. Por lo cual sería muy oportuno y conforme con el verdadero espíritu "ario", eliminar lo más posible de la campaña antihebraica todo elemento pasional, toda manifestación de odio, aun si debe admitirse que tales sentimientos sean humanamente justificables en muchos casos especiales. En la campaña antijudía debería en vez prevalecer el punto de vista de una fría y objetiva profilaxis. Una vez que se ha constatado que una tal sustancia es nociva por su naturaleza, se trata de tomar todas las medidas técnicas aptas para poner a esta sustancia en condiciones de no dañar más o, por lo menos, aptas para limitar su acción nociva.

II

TRANSFORMACIONES DEL "REGNUM"

La nueva edición de *Los Protocolos de los Ancianos Sabios de Sión* -documento éste de lo más interesante para orientarnos en nuestros días publicada recientemente por *"Vita Italiana",* trae una introducción en la cual J. Evola resalta el doble aspecto del pensamiento que allí se expresa. En efecto, los *Protocolos* por un lado contienen el plan y la táctica de la destrucción del mundo tradicional y, en relación con ello, se habla de una organización oculta que dirige a las fuerzas visibles de los partidos y de los pueblos, que provoca, de acuerdo a fines precisos, los acontecimientos aparentes y que difunde las ideas más aptas para preparar un terreno idóneo para una determinada acción de nivel general. Por otro lado sin embargo se asoma en los *Protocolos* la idea, o el ideal, de un *Regnum* supranacional, el cual no posee para nada rasgos diabólicos, sino que más bien se podría considerar como un facsímil del ideal tradicional p específicamente hebraico y mucho menos masónico⁻ del *Sacrum Imperium.* Tal lo manifestado allí por Evola.

En su libro *Die echien Protokolle del Weisen von Zion* (Erfurt, 1935), Ulrich Fleischauer, jefe del *Service Mondial,* uno de los que más competencia poseen en relación a la cuestión judía, resalta (pgs. 45-46) que justamente la presencia en los *Protocolos* de este segundo aspecto representa una de las mayores pruebas en contra de aquellos para quienes *los Protocolos* habrían sido creados expresamente por la policía secreta zarista y, en manera general, por los antisemitas para atizar el odio en contra de los Judíos. Habría sido simplemente infantil -resalta Fleischauer hacer figurar en un documento inventado para tal fin dichas ideas acerca del imperio sagrado y espiritual, de la misma manera que la de un dominador, el que debería aparecer como un espejo del mundo y un enviado de Dios y reconocer al mismo tiempo como su primera tarea la de destruir, en sí y en sus súbditos, todo aquello que obedezca a la voz irracional del instinto y de la animalidad.

El primer aspecto de *los Protocolos* - el relativo al plan de la destrucción⁻ nos abre una rendija respecto de los bastidores de la historia occidental y nos encamina hacia la comprensión del verdadero sentido de ésta. La polémica antisemita ya ha arribado al reconocimiento de que *los Protocolos* pueden o no ser "auténticos"; pueden ser el producto de una voluntad consciente o bien entran en la serie de análogas representaciones, pero en un caso como en el otro, los mismos tienen el valor de una "revelación", aun siendo indirectas las vías a través de las cuales la misma se ha efectuado, aunque fuera la fantasía el órgano con el cual la misma se ha realizado. Los *Protocolos* por un lado, por el otro los famosos diálogos de Joly, de los cuales los mismos a su vez han retomado tantos temas, luego el denominado "discurso del Rabino" de Praga en la novela *Biarritz* de Sir Retcliffe (H. Goedsche), luego, nuevamente, la introducción a la novela *José Bálsamo* de Dumas, respecto de la cual recientemente Jean Drault ha indicado la singular correspondencia con la idea central de los *Protocolos,* y así sucesivamente, todos estos documentos son tantas traducciones de la sensación oscura de una realidad. Ellos no se explican el uno con el otro (o bien en tal modo lo hacen sólo superficial y accesoriamente), sino que se explican todos con un origen común que eventualmente podría referirse a éstos, así como un determinado rumor podría estarlo en relación a las diferentes imágenes de sueño al cual el mismo dé lugar en la fantasía de los que duermen y que obtusamente hubiesen recogido su percepción. Y es interesante constatar aquí que casi sin excepción los autores de los documentos aludidos o han tenido, por lo menos en parte, sangre judía, o bien han tenido relaciones con la masonería. Puede decirse que ésta es la vía que ha facilitado, a través del inconsciente, la afloración de ciertas representaciones, las cuales expresan las causas verdaderas y las fuerzas ocultas de la subversión mundial.

Pero si es así: ¿cómo explicar en los *Protocolos* la presencia simultánea de la superior idea del *Regnum*? ¿Qué relación puede tener esta idea con la conjura internacional judeo-masónica y con los jefes enmascarados de la misma? El problema es importante, por lo que es necesario esclarecer algunos puntos fundamentales para prevenir más de un equívoco, para precisar el verdadero frente de la lucha antisemita y antimasónica.

Nosotros conocemos por experiencia las movidas falsas y peligrosas que muchas veces se verifican en tal lucha, cuando la misma concluye con la obediencia a las consignas de personas no calificadas y poco preparadas. En ciertos ambientes, por ejemplo, es imposible hacer mención a organizaciones ocultas, aun de lejanas épocas históricas, sin que enseguida no se piense en la masonería moderna y en el anticristianismo y se haga de ello el objeto de una misma abominación. En otros ambientes, influidos por concepciones propias de un nacionalismo laico extremadamente particularista, el antisemitismo tiene por condición la aversión hacia toda idea no sólo internacional, sino también de carácter universal, es decir supranacional, de allí el notorio *animus* antiromano así como anticatólico. En fin, en otros ambientes se pone aun a cargo de la antigua idea hebraica mesiánica toda la acción destructiva de la actual judeomasonería y de las otras fuerzas de subversión -revolucionarias y comunistas- solidarias con ésta.

A tal respecto precisemos con pocas palabras, a fin de no volver sobre el tema, la verdad de las cosas. No la idea judaica mesiánica, sino la degeneración y materialización de la misma es el verdadero punto de referencia de las fuerzas subversivas dirigidas hacia la destrucción definitiva de nuestra civilización y hacia un dominio satánico sobre todas las fuerzas de la tierra. En su forma sacral originaria, anterior al período de los profetas (el que marcó un primer derrumbe "místico" y democrático de la antigua tradición de Israel), la idea del Mesías tuvo muchos rasgos en común con concepciones e ideales familiares también con civilizaciones abiertamente arias, de las cuales, por lo demás, los Judíos tomaron más de una vez muchos elementos en préstamo. Bastaría recordar las tradiciones iraníes relativas al *Caociant* y pensar en las mismas referencias que en la Roma imperial tuvo la idea del retorno de la "edad áurea", por ejemplo, en_ Virgilio. Ha sido un mérito de Monseñor Trzeciak el de haber demostrado en una reciente obra sobre El *Mesianismo y la cuestión judaica,* unos aspectos importantes de la transformación padecida por la antigua concepción mesiánica a través de la historia del pueblo hebraico. Uno de tales aspectos es la colectivización de tal idea, luego de que la misma había pasado a una formulación totalmente materialista y "socialista", acompañándose con las expresiones más violentas de un odio anticristiano. La antigua tradición se convierte por tal camino en el justificativo para la praxis más innoble: es el usurero con el nombre de Dios sobre los labios, es aquel que predica el ideal humanitario de la justicia mientras que fomenta toda especie de rebelión y de desórdenes, es el paladín de la "libertad" que busca asegurar al oro un poder incondicionado sobre pueblos y gobiernos.

Así una idea atávica y tenazmente custodiada, convertida en instinto de raza, se invierte y, en una especie de deformación demoníaca, se convierte en el espíritu de las fuerzas más peligrosas de la revolución mundial.

Y esto puede bastar para lo que se refiere propiamente a la idea mesiánica. Mucho más importante y compleja es la tradición que corresponde al "*Regnum*", comprendido sea como realidad invisible e inviolable, sea como tarea de determinadas fuerzas escondidas detrás de los bastidores de la historia. Esta tradición es antiquísima. Se puede recordar lo que dice el mismo Hesíodo, al hablar de los seres de la edad primordial, los cuales no habrían muerto nunca, sino que, pasados a una forma invisible de existencia, controlarían los destinos de los hombres mortales de las edades siguientes. Rene Guénon, en su clásica obra *Le Roi du Monde* (París, 1925), ha recogido una documentación impresionante en relación a la recurrencia de tal idea de un centro invisible del mundo y de un dominador invisible que dirigiría los destinos de los pueblos en las más diferentes tradiciones, interviniendo e incluso manifestándose en determinados momentos de la historia. J. Evola, en su reciente obra El *Misterio del Grial y la tradición gibelina del Imperio* (Bari, 1937) ha demostrado que, en el fondo, justamente esta idea constituye la base de los diferentes relatos relativos al reino del Grial, a la caballería del Grial y a la corte del rey Arturo, relatos en los cuales tomó expresión literaria y mitológica, por decirlo así, el más alto ideal del gibelinismo medieval y en los cuales el símbolo imperial halló una especie de correlato trascendente.

Ahora bien, es evidente que existe tanto una analogía como una continuidad entre tales tradiciones *y* las mismas ideas de los *"Protocolos"* y de otros documentos que expresan la existencia y la acción de organizaciones secretas del tipo entre lo oculto y lo masónico. Sobre todo el significado de la continuidad constituiría un tema de estudio particularmente interesante y aquí nosotros, aun sin ir hasta el fondo de la cuestión, no podemos eximirnos de hacer alguna breve consideración indispensable para esclarecer dicho tema.

Podernos resaltar en la forma medieval y gibelina de manifestación de la antigua idea del "reino invisible" y de una orden de Templarios, caballeros o iniciados que actúan en función del mismo y unidos de manera oculta, más allá de cada nación (puesto que ésta es la esencia del mito del Grial), podemos resaltar en esta forma el punto a partir del cual se debía de a poco producir una transformación y una inversión, aptas para remitir hasta a los mitos propios de la masonería y a los *"Sabios de Sión"*. Dentro de la polaridad: Iglesia-Imperio en la cual se dividió trágicamente toda la tensión espiritual del Medioevo, el ideal del *"Regnum"*, en la mística caballería del Grial y del jefe supremo e invisible "Rey del Mundo" y "Rey de los Reyes", fue a conectarse con el polo "Imperio", saturándose así de los elementos, muchas veces contingentes, propios de la lucha de los emperadores gibelinos en contra de la Iglesia. Esta lucha - se lo tenga bien en cuenta- no fue para nada la de un poder temporal laico que tendía a emanciparse e incluso a desplazar a la autoridad espiritual. Los emperadores gibelinos reivindicaban en cambio para su función caracteres espirituales, sobrenaturales, trascendentes; frecuentes eran en ellos las menciones a la superior "religión regia de Melquisedek", y esencialmente por esto (y sólo accesoriamente por intereses también políticos) se sentían obligados a limitar el derecho de la Iglesia. En cuanto luego a su "mito", ideales como el del Grial tenían irrebatiblemente tanta levadura espiritual como los del *Regnum* propiamente evangélico.

Sin embargo una tal coyuntura parece haber tenido una solución fatal. Con la Reforma se hizo verdad aquello que en el Medioevo imperial no lo era aun: la aversión hacía la Iglesia perdió todo significado superior, asumió un carácter netamente antijerárquico y antitradicional y fue justamente el órgano de una revuelta del poder temporal en contra de la autoridad espiritual. Con todo esto inevitablemente debían resentirse, en un tiempo o en otro, también todas aquellas tradiciones residuales que se habían vinculado al polo "Imperio" y que originariamente se remitían a un nivel efectivamente espiritual. Es así que poco a poco nos acercamos a lo que el anticatolicismo, convirtiéndose incluso en anticristianismo, luego en laicismo, y finalmente en ateísmo, debía ser en la masonería, en las conexiones modernas de la misma con el Judaísmo y con el odio secular anticristiano del Judaísmo; y finalmente, en la conexión con las diferentes internacionales revolucionarias, socialistas y comunistas.

Una etapa importante a considerar en este proceso está constituida por la Orden de los Rosacruces y por la secta de los Iluminados. Es singular que los estudiosos de la cuestión hebraica, que se han entregado a la búsqueda de los antecedentes de los *Protocolos*, no hayan dirigido su atención hacía los Rosacruces del siglo XVII, que deben ser bien distinguidos de la masonería y aun más de las diferentes sectas de tipo "ocultista" que recientemente han asumido abusivamente la misma denominación. Los denominados *Manifiestos de los Rosacruces*, salidos uno en Frankfurt y dos en París entre 1613 y 1623, constituyen un documento extremadamente interesante. Se puede decir que éstos son la última forma en la cual se conservó la antigua idea espiritual del *Regnum* vinculada a una organización invisible supranacional. Los Rosacruces manifestaban ser una comunidad que establecía su morada visible e invisible en la ciudad de los hombres, que asumía, de acuerdo a las circunstancias, las "vestimentas" y la "lengua" de los diferentes pueblos en los cuales se hallaban sus miembros, que reconocía como propio jefe y dominador de toda la humanidad a un *Imperator* "romano", "Señor del Cuarto Imperio", del cual los Rosacruces debían preparar su manifestación y advenimiento, siendo éste aquel que esperaba Europa. La antigua herencia gibelina se manifiesta aquí en los términos de una precisa aversión anticatólica: el *Imperator* rosacruz -de acuerdo a los mencionados *Manifiestos*- combatirá a los "blasfemadores de Oriente y de Occidente" (entendiéndose por éstos a los Mahometanos y a los Católicos) y reducirá al polvo a la triple diadema del Papa. Son innegables las correspondencias entre los Rosacruces y los Templarios. Aquí se manifiesta por última vez la idea del *Regnum* y del imperio trascendente vinculada con una organización supranacional que despreciaba las formas de la confesión religiosa dominante hallándolas insuficientes e incluso prevaricadoras. Pero la tradición quiere que poco después de la aparición de los *Manifiestos* los verdaderos Rosacruces abandonaron Europa. El hecho es que luego de éstos el proceso de involución en un sentido subversivo de las sociedades secretas parece no tener más freno. Y ello aparece claro dentro de la secta de los Iluminados, cuya conexión con la Masonería revolucionaria y, justamente "iluminista", es evidente. liemos tenido ocasión de notar que este pasaje se revela ya por la transformación del significado de la palabra "iluminismo": en la referencia a las doctrinas originarias de la secta, la misma remitía efectivamente a la iluminación espiritual, a la luz de la intelectualidad pura, pero en el movimiento sucesivo se hizo sinónimo de racionalismo y de crítica racionalista de la mentalidad que finalmente tenía que desconocer, desacreditar y contaminar a todo lo que es superior a la "razón" del individuo. Y aquí se tiene la misma inversión indicada en el anticatolicisimo: el derecho de quien posee una iluminación trascendente de considerar limitadas e inferiores a algunas formas exteriores dogmáticas de la tradición se transforma en el aberrante proceso dirigido por la crítica racionalista y por el individualismo en contra de la religión revelada y, en modo general, en contra de toda trascendencia.

Pero en las sectas de carácter ya masónico, vinculadas a la de los Iluminados se hacen manifiestas instancias políticas y aquella "reforma de la totalidad del vasto mundo", de la cual hablaban los Rosacruces, se traduce en los términos bastante conocidos y siempre antiaristocráticos, antimonárquicos, antijerárquicos y revolucionarios, de la acción judeomasónica. Se puede reputar que, hasta en los umbrales de la Revolución Francesa, estas tendencias no hubiesen sido separadas de ulteriores programas reconstructivos y espirituales, cosa por lo menos visible entre los "Iluminados" alemanes, que justificaban su acción revolucionaria con la corrupción y la incapacidad de los Príncipes y cultivaban la utopía de una regeneración universal. La introducción a la novela *José Bálsamo"*, que ya citáramos, y que fue escrita en las épocas de Luis Felipe, refleja en modo característico la mentalidad de estas asociaciones secretas. En la misma se describe una reunión acontecida el 6 de mayo de 1770 en la frontera franco-germánica con la participación de los jefes de las logias de las diferentes regiones. Es interesante resaltar que en el juramento relativo a tal asociación se manifiesta la desvinculación de todo tipo de lazo natural y de toda fidelidad a una patria o a un soberano, a la cual se le sustituye aquí la obediencia incondicionada al Jefe supremo de la Orden. Es este Jefe que se manifiesta en la reunión y dicta las directivas generales programáticas de la acción revolucionaria en contra de la antigua Europa. Él dice: "Francia marcha a la cabeza de las naciones. Démosle la gran luz. Y esta luz se convertirá en la antorcha. La llama que se dirigirá sobre Francia será la de un incendio saludable, puesto que el mismo iluminará al mundo". El Jefe esperado, a quien se le preguntaba quién fuese, contestaba: *"Ego sum qui sum",* que es, como es sabido, la fórmula bíblica de la revelación divina. El signo, que lo hacía reconocer, era la sigla, centelleante sobre su pecho, LDP, cuyo significado él declaraba: *Lilia pedibus destrue* (aplasta y destruye los lirios, esto es, a la realeza de Francia), agregando: "Todo iniciado debe llevar esas tres letras no sólo en su corazón, sino también sobre el corazón, puesto que nosotros, Supremo Maestro de las Logias de Oriente y de Occidente, ordenamos la caída de los lirios". Nosotros estamos perfectamente de acuerdo con Drault en considerar esto como sumamente más que una simple ficción novelesca: se reflejan aquí más bien, de manera fantástica, los bastidores de los movimientos aparentes, aquellos a los cuales aludía el judío Disraeli cuando, al hablar de los sucesivos movimientos revolucionarios de 1848 (se note que Dumas escribió esa novela en 1845), expresó las notorias palabras: "El mundo está gobernado por personas muy distintas de las que todos se imaginan y que se encuentran detrás de los bastidores". Es interesante por lo demás la asociación entre la fórmula divina *"Ego sum qui sum"* y la revolucionaria LDP: aquel que es esperado como un enviado divino y una especie de nuevo rey del Grial tiene por signo de reconocimiento tal fórmula. No se habría podido dar una mejor expresión al *pathos* propio de organizaciones secretas bien precisas, en su estadio de transición entre la fase espiritual iniciática precedente y la fase masónica-subversiva, en la cual se celebró luego la más estrecha relación con el Judaísmo revolucionario y con su mesianismo secularizado.

Lo que aconteció a partir de tal punto puede verosímilmente compararse con aquellos procesos de inversión patológica, a través de los cuales las fuerzas de la subsconciencia se liberan de todo control y toman ellas mismas la dirección de toda facultad del ser consciente, a veces sin que este último se dé cuenta. Es decir, se puede afirmar que estas organizaciones ocultas fueron víctimas de las fuerzas evocadas por ellas las que, en un primer momento, estaban hilvanadas tan sólo en función de finalidades ulteriores, de ideales de regeneración o de restauración. Lo que antes se encontraba en el centro, se convierte entonces en superestructura, máscara, supervivencia fantasiosa. Se trata de formas privadas va de vida autónoma, las cuales hallándose en un estadio, querríamos decir, de supervivencia sonambólica, son arrastradas por la corriente de fuerzas oscuras. Justamente esta coyuntura resuelve e ilumina el problema del cual hemos partido, es decir, el de la singular coexistencia, en documentos como los *Protocolos,* de elementos contradictorios, que representan como el fantasma de algo así como un *Sacrum Imperium,* asociado a los planos que corresponden exactamente a la acción sistemática, desarrollada y en vías de desarrollarse, de las fuerzas ocultas de la subversión mundial. Y no sólo esta coyuntura es explicada, sino también la supervivencia de algunos rasgos del antiguo ideal mesiánico en el seno de la acción demónica del actual accionar hebraico y, además y sobre todo, es explicada la presencia en la masonería de un simbolismo y de un ritual que poseen irrefutablemente muchos de los caracteres tradicionales y que, remitidos a sus orígenes, de ninguna manera podrían conciliarse con el espíritu y la acción de la masonería internacional de hoy y de ayer.

La mención hecha más arriba respecto de un proceso de "inversión" podría dar lugar a interesantes desarrollos, en un campo en el cual sería bueno que todo antisemita serio dirigiese su atención, en vez de consagrarla en forma plena y unilateral a las formas más exteriores de las fuerzas actuantes, hoy a través del Judaísmo, de la Masonería y del Comunismo. Nos limitaremos aquí -para terminar- a reproducir algunas consideraciones muy recientes desarrolladas por René Guénon *(Etudes Traditionelles,* ns. 210 y 211 de 1937), el cual también a tal respecto indica puntos de referencia de carácter verdaderamente iluminativo.

Guénon parte de un orden de consideraciones que a muchos lectores le aparecerán como sumamente singulares. Él habla del "chamanismo" y de la "necromancia". No se trata para nada al respecto de prácticas absurdas y supersticiosas. De acuerdo a la enseñanza tradicional, la muerte produce una disgregación de la unidad psíquica del ser humano y, mientras que la parte espiritual del mismo pasa a formas trascendentes de existencia, su parte "vital" y psíquica pasa, por decirlo así, al estado libre, da lugar a una especie de segundo cadáver, constituido por un haz de fuerzas invisibles, que muchas veces conservan una especie de imagen de la personalidad, a la cual pertenecían. El "chamán", a través de prácticas especiales, trata de captar estas energías psíquicas convertidas en automáticas y liberadas de toda relación con un principio superior, para fines particulares: él actúa con la "vitalidad" de los muertos, con "cadáveres psíquicos".

Guénon resalta que ello vale no sólo en el orden individual para ciertas prácticas de "magia negra", sino también en el colectivo, en lo relativo a los vestigios dejados por una tradición totalmente apagada. Tan sólo que, en este caso, en el cual influencias oscuras se adueñan de fuerzas colectivas ya pertenecientes a organismos vivientes, hay que considerar conjuntamente a otro: "el de una antigua civilización tradicional que, por decirlo así, sobrevive a sí misma, en el sentido de que su degeneración se ha desarrollado hasta tal punto que el "espíritu" se ha retirado totalmente de ella. Algunos elementos podrán aun continuar a transmitirse, sobre todo los más inferiores, pero éstos serán naturalmente susceptibles de toda desviación, puesto que ellos mismos no representan otra cosa que "residuos" de otra especie, al haber desaparecido la doctrina pura, de la cual éstos normalmente habrían debido depender. En un tal caso de "supervivencia", las influencias psíquicas anteriormente puestas en movimiento por los representantes de la tradición podrán aun ser captadas, incluso sin saberlo sus continuadores aparentes, pero ya ilegítimos; los que se servirán de aquellas realmente a través de éstos tendrán también la ventaja de tener a su disposición, como instrumentos inconscientes de la acción que ellos quieren ejercer, no más tan sólo cosas casi inanimadas, sino también a hombres vivientes que sirven de igual modo como soporte para tales influencias y la existencia actual de éstos les confiere naturalmente a tales fuerzas una vitalidad más grande".

"Una tradición así desviada está en verdad muerta como tal, de la misma manera que aquella que ya no muestra más ninguna apariencia de continuidad. Por otra parte, si ésta estuviese aun viviente, una tal subversión, que en definitiva significa tan sólo una perversión de aquello que subsiste de ésta para hacerla servir en un sentido por definición tradicional, no podría de manera alguna tener lugar. Sin embargo se debe agregar que, antes de que las cosas hubiesen arribado a un tal punto y a partir del momento en el cual organizaciones tradicionales se han hecho bastante débiles y menoscabadas como para poder ser capaces de una suficiente resistencia ante los agentes, en mayor o menor medida directos, de fuerzas oscuras, de fuerzas que nosotros gustosamente denominamos como de c"contrainiciación", pueden ya introducirse allí para trabajar a fin de acelerar el momento en el cual la subversión se convertirá en posible. Y si su acción resulta, si se produce la muerte, el enemigo se halla, por decirlo así, en el corazón mismo de la ciudadela, listo para recabar toda la ventaja posible y para utilizar enseguida el "cadáver" para sus fines. Guénon concluye: "Los representantes de aquello que en el mundo occidental conserva aun hoy un carácter tradicional auténtico tendrían según nosotros el mayor interés en sacar provecho de esa última consideración mientras se está aun a tiempo, puesto que alrededor de ellos los signos amenazantes constituidos por "infiltraciones" de tal tipo, lamentablemente no faltan para aquel que se sepa dar cuenta".

Nosotros querríamos que cada lector reflexionara acerca de este orden de consideraciones tan interesantes, las que echan luz sobre muchos sectores del "subsuelo" de la historia, sobre todo en relación a la acción y a la transformación de las sociedades secretas. Aquel que desarrolle tal orden de ideas y aplique estas concepciones generales se encontrará también en grado de prever toda peligrosa confusión, al no hacer como muchos, aun con óptimas intenciones, de toda hierba un fardo: él distinguirá los signos de la tradición, destacará el justo lugar de una herencia perdida y, sin hesitar, reconocerá la verdadera naturaleza y el verdadero origen de las fuerzas secretas de la moderna acción subversiva judeo-masónica.

III

UN ESPEJO DEL ESPÍRITU HEBRAICO

Uno de los más interesantes y, a pesar de ello, sin embargo entre los menos conocidos perfiles del alma hebraica, es el trazado, ya muchos años antes de la primera guerra mundial, por Otto Weiniger. La importancia de este perfil se encuentra en su superioridad ante las formas estereotipadas sostenidas por la mayoría de los militantes antisemitas, en su esfuerzo por formular el problema judío como un problema espiritual y universal antes que nacional, social o racial en sentido estricto. Aun hoy en día lo que al respecto ha escrito Weiniger -en el capítulo XIII de su fundamental obra *Sexo y Carácter*-mantiene toda su actualidad y no sólo ello, desde nuestro punto de vista el mismo puede proveer más de una base de orientación para los posteriores y superiores desarrollos del encuadramiento antisemita contemporáneo.

A algunos podrá parecerles paradojal el hecho de que el mismo Weiniger fuese de origen hebraica (medio judío). Esta apariencia de paradoja sin embargo se desvanece al reflexionar sobre lo que sigue: en primer lugar que sólo lo semejante puede conocer lo semejante; en segundo, que una cosa con la cual no se tiene nada en común no se la odia, sino que ante ella se permanece indiferentes. "Se odia en otros, lo que no se quiere ser en sí mismos y que a pesar de ello siempre se lo es en parte -dice Weiniger-. Quien quiera que odie al ser judaico, lo odia en primer lugar en sí mismo; el hecho de que lo rechace en otros no es sino un intento de liberarse de ello, localizándolo totalmente afuera de sí e ilusionándose, por el momento, de hallarse libre del mismo". Como medio judío, Weiniger sintió en sí mismo la sustancia hebrea, tuvo el coraje de penetrarla hasta el fondo y su breve y trágica vida fue toda un intento por superarla y abatirla.

La mención a las condiciones necesarias para odiar sirve luego para una impostación generalizada y supraracista del problema. Weiniger escribe:

> "Quizás el gran mérito del judaísmo se encuentra en conducir continuamente al hombre ario a la conciencia de sí al amonestarlo para que permanezca siendo lo que es; el ario debe pues estarle agradecido al judío: por medio de éste él sabe exactamente de aquello de lo cual debe guarecerse: del judaísmo cual posibilidad en sí mismo".

Este punto de vista es, sobre todo hoy, sumamente importante. Es en efecto un lugar común, admitido también por los racistas más intransigentes, que hoy no existen razas absolutamente puras; de la misma manera, es un lugar común, que el espíritu hebraico, con una especie de asimilación al revés, ha compenetrado a muchos sectores de la vida social y cultural no-hebraica, aun allí donde no se puede encontrar rastro alguno de mezcla de sangre. Al estar las cosas así, no se puede proceder a un encuadramiento antisemita consecuente y concluyente cuando no se subordinen las diferentes antítesis a una antítesis central y fundamental que implica definir aquello que, en sí y para sí, universalmente y casi aprioristicamente, debe comprenderse como espíritu y sustancia hebraica. Tan sólo entonces será posible individualizar al enemigo y abatirlo en el lugar en que éste se encuentre. Precisamente éste es el punto de vista de Weiniger:

> "Debe considerarse al judaísmo como una tendencia del espíritu, como una constitución psíquica, posible para cada

uno, si bien en el judaísmo histórico la misma haya tenido su mayor realización".

Si bien puede pues hablarse de judaísmo en relación a un pueblo, a una tradición, a una raza, a un? religión, debe permanecer firme la idea de que, más allá de todo esto, judío es el hombre en cuanto participa de la idea universal del judaísmo, y que pues lo esencial se encuentra en descubrir e individualizar tal idea.

Para seguir con las consideraciones desarrolladas a tal respecto por Weiniger, es necesario decir que las mismas se encuentran comprendidas en una obra que tiene por objeto central el estudio de aquello que son el hombre y la mujer en sí mismos, como tipos puros, así como de sus justas relaciones jerárquicas. Weiniger es conocido como aquel que, en la manera más áspera, ha atacado al feminismo, al igualitarismo, al culto de la mujer, al mito erótico-romántico, proclamando la absoluta heterogeneidad espiritual y moral de los dos sexos y la decidida inferioridad de la femineidad respecto a la verdadera virilidad, hasta el límite de declarar: "Una mujer superior se encuentra aun infinitamente por debajo de aquello que, por lo menos potencialmente, existe en el hombre más bajo". Sin embargo, existiendo una diferencia de razas humanas, se puede pensar que en éstas el ideal viril se realice en grado diferente, y que la calificación "femenina" pueda incluso superar, en alguna de éstas, a la viril. El punto central del problema hebraico se encuentra aquí: para Weiniger, así como el hombre se encuentra en relación con la mujer, de la misma manera la humanidad aria se halla en relación a la judía. Las cualidades que definen la inferioridad espiritual y moral de la mujer son para Weiniger aproximadamente las mismas que marcan la naturaleza hebraica y que hacen del judaísmo nuestro más peligroso adversario.

Si Weiniger, para analizar la esencia del judaísmo sigue el hilo conductor de una tal analogía, buena parte de los resultados permanece sin embargo independiente y válida en sí misma. El carácter fundamental del espíritu judío es la ambigüedad, la división interna, la falta del sentido de una realidad espiritual central y de aquella capacidad de valer y de existir para sí, "la cual por sí sola puede producir la mayor fuerza creativa"; una sustancia lábil e inasible, indiferenciada y sin embargo tenaz, agitada y disgregadora.

La judaicidad se encuentra con la femineidad en la capacidad indefinida de mutaciones que los judíos poseen como característica propia: la "movilidad" del espíritu, la falta de una tendencia central y original, la gran facultad de adaptación son, para Weiniger, caracteres comunes sea a la mujer como al judío y signos de una falta de personalidad, de carácter, de verdadera vida interior. Sin embargo en el judío la capacidad de asumir cualquier forma se une siempre a una cierta agresividad. "Se asemeja al parásito que cambia de acuerdo a quien lo hospeda y asume un aspecto tan diferente que se cree que se tiene enfrente a otro animal, mientras que en realidad se ha permanecido siempre el mismo. Él se asemeja a todo y todo él asimila: no es sometido por el otro, sino que se somete siempre listo para escaparle".

El judío tiene la misma "eternidad" que la mujer: no la de la personalidad, sino la de la especie, de la manada, de la raza: casi un estadio anterior a la individuación. El colectivismo y el socialismo son así, en manera natural, fenómenos hebraicos, y es carácter hebraico la incomprensión y la indiferencia hacia la idea espiritual, articulada y jerárquica, del Estado. Esta idea presupone el reconocimiento de un principio supraindividual, base del lazo entre seres independientes, vivientes según la dignidad de "personas". Los judíos, en cambio, si, como las mujeres, se encuentran gustosamente juntos, no tienen recíprocamente relaciones de naturaleza ética, tales como las que se establecen entre personalidades; cuando cesa el estado de una comunidad naturalista y semi- colectivista (al cual debe referirse la especial importancia que la familia, como hecho biológico y no ético, posee para el judío) para mantener juntos a los judíos no hay sino la solidaridad materialista de una pandilla. "Por esto nunca existió un Estado judío y nunca podrá existir, y por tal causa el sionismo nunca podrá triunfar. El sionismo es la negación del judaísmo, el que tiene como propia la expansión de Israel sobre toda la tierra". Y aquí Weiniger resalta justamente que los judíos en manera espontánea, mucho antes de la destrucción del Templo, habían elegido, en parte, como propia vida natural a la "diáspora", siendo como la vida de una planta que expandiéndose por toda la tierra, eternamente intenta impedir la singularización, que trata de destruir o amenazar los límites y las diferencias.

Si la propiedad terrera se encuentra en la más estrecha relación con la personalidad, es nuevamente sintomática para el judaísmo la aversión hacia ésta, la preferencia por el capital móvil y lábil: esto es casi una transposición del espíritu nomádico, incapaz de adherir a una forma estable y singularizada.

Para Weiniger, así como no existe una verdadera "dignidad femenina", del mismo modo es imposible imaginarse *a un gentleman* judío. El verdadero judío carece de aquella distinción interna que se encuentra en la base de la dignidad propia y del respeto por el otro. "No existe nobleza judía y ello es tanto más significativo en cuanto los judíos desde milenios han encerrado el matrimonio a lo interior de su raza". La arrogancia judaica esconde la falta de la conciencia de sí mismos, y por lo tanto la necesidad de aumentar el valor de la propia persona deprimiendo el de los demás. Este mismo hecho, es decir no tener un valor propio, explica la brama femenina de títulos que posee el judío, la insolente fastuosidad de éste, pudiéndole servir de instrumento para ello sea el palco teatral, su ciencia, sus "relaciones" con el "mundo brillante", y así sucesivamente. "Pero simultáneamente a todo esto se encuentra y, es más, se funda, su incomprensión por todo lo que es verdaderamente aristocrático".

Weiniger rechaza justamente el intento por deducir aquel otro aspecto del judaísmo que es el espíritu servil, de las circunstancias, del estado en el cual fueron mantenidos los judíos hasta el siglo pasado. El ambiente puede propiciar mutaciones, pero nunca determinarlas. Si el hombre cambia, ello no puede acontecer sino desde lo interno hacia lo externo. O bien se debe pensar más bien en un hombre indigno de su nombre, en un ser pasivo, privado de cualquier elemento positivo. Pero el hecho a destacar es que entran aquí en juego características del alma hebraica, las cuales se reflejan incluso sobre el plano religioso y metafisico. De la disposición servil deriva en efecto, de acuerdo a Weiniger, la ética "heterónoma" de la antigua ley hebraica, la cual promete el bienestar en la tierra y la conquista del mundo a condición de que se siga ciegamente una poderosa voluntad ajena. La relación del judío con Jehová, el ídolo abstracto, ante el cual él prueba el temor del esclavo, cuyo nombre él no osa ni siquiera pronunciar, caracteriza a su alma e indica su necesidad de servir. Él no sabe nada del elemento divino que se encuentra en el hombre, él no presiente una realidad espiritual de la cual el mundo es símbolo, ya que es incapaz de descubrirla en su interioridad. Ninguna sorpresa causa pues que en el Antiguo Testamento resultara extraño por muchísimo tiempo el concepto de la inmortalidad y que la religión se agotara en un sistema casi mercantil de relaciones rituales entre Israel, colectivamente concebido, y la divinidad.

Por otro lado, por dos efectos de una misma causa, el esclavo ortodoxo de Jehová se transforma fácilmente en un materialista y en un racionalista.

Desaparecido el servilismo, desde su misma sustancia se desarrolla su opuesto: el descaro, la arrogancia. Y la arrogancia frente a las cosas que no son comprendidas como símbolos de cosas más profundas aun, conduce "a la forma hebraica materialista de la ciencia, tal cual hoy lamentablemente ha hecho pié", dirigida a una explicación racionalista y a la exclusión de cualquier trascendencia. "La ciencia antimetafisica (no ametafísica) es en el fondo hebraica. Los judíos fueron siempre más propensos a aceptar una interpretación mecánico-materialista del mundo, justamente porque su modo de adorar a

Dios no tiene nada que ver con la verdadera religión. Del mismo modo en que ellos fueron los más fervientes en aceptar el darwinismo y la ridícula teoría de la descendencia de los monos, así también fueron ellos los que crearon prácticamente la interpretación económica de la historia, que más que cualquier otra excluye al espíritu".

Esta misma raíz tienen la sátira y el ironismo hebraico. El judío no reputa nunca nada genuino e irrefutable, santo e inviolable: por lo tanto él se siente frívolo y se burla de todo. Una vez que se ha "laicizado", es decir, una vez que ha superado las mismas relaciones abstractas y mecanizadas con lo divino propias de la antigua religión, él se transforma en el peor instrumento de contaminación y de disgregación. No creyendo más en nada, se refugia en la materialidad: de ello deriva su sensualidad, su voracidad, su amor por el dinero: en esto él busca una realidad, el único valor que lo convenza realmente y que se imponga sobre todos los demás. Pero él ni siquiera es capaz de conservar en este campo un "estilo", una "línea": la poca seriedad, la deshonestidad, la falta de escrúpulos del judío financista y comerciante no son sino reflejos de la falta de una identidad interna, de personalidad moral, por parte del judío, aun en este campo.

"No una teoría del sentido y del fin de la vida, sino una tradición histórica, que se puede concentrar en el pasaje del Mar Rojo y que culmina en el agradecimiento del potente Salvador de parte del vil fugitivo". El judío no se afirma a sí mismo, y con sí mismo al mundo y a Dios, en lo cual se encuentra la esencia de la religión "aria". Él no conoce ni el coraje de las afirmaciones, ni el de la negación: no es ni radiante, ni verdaderamente, prometeicamente demoníaco. Y ni siquiera es un verdadero y gran destructor: él disgrega, no destruye.

De esta naturaleza fundamental se podría arribar a deducciones sin fin en el campo propiamente psicológico y caracterológico. "Al judío le falta la dureza, pero también la dulzura; se lo podría decir blando y simultáneamente tenaz. No es ni rey, ni conductor, pero ni siquiera leal vasallo: carece de cualquier convicción, de capacidad por cualquier amor, es decir de plena entrega, de sacrificio... Su rostro no es feliz, pero ni siquiera doloroso, ni soberbio, ni forzado, sino con aquella expresión indeterminada que delata la disposición a acordar con cualquier cosa y demuestra cómo el individuo carezca de respeto hacia sí mismo". "Su calor transpira y su frialdad manda vapores. Cuando él intenta liberarse al vuelo en el entusiasmo no se eleva nunca mucho sobre lo patético y de la misma manera cuando quiera moverse dentro de los más estrechos senderos del pensamiento no omite nunca mover ruidosamente sus cadenas. Y por más que poco se sienta inclinado a abrazar al mundo entero, sin embargo, frente al mismo, no es a pesar de ello menos petulante e inoportuno". A similitud de la mujer, según Weiniger, el judío no posee ni el genio, ni la estupidez radical. "Aquella inteligencia específica que suele atribuírsele sea al judío como a la mujer, por un lado, no es sino una mayor atención dirigida a su egoísmo más desarrollado: por el otro, la misma se basa en la indefinida capacidad de adaptación que el uno y la otra demuestran con respecto a cualquier fin exterior, sin distinción: ellos no llevan en su interioridad una medida original del valor", si se prescinde de lo que tiene referencia con la parte instintiva, sensual y subintelectual del ser humano.

"El judío, dice Weiniger, es verdaderamente el hijastro de Dios sobre la tierra y no hay judío que, por más que oscuramente, no sufra por su condición de judío". Este sentimiento trágico y casi desesperado se encuentra en la base de la única fe verdadera que tuvo Israel como propia, que ha conservado a través de los siglos y de la cual él ha recabado la fuerza para resistir y conservarse ante toda adversidad: es la desesperada esperanza en la venida de un Mesías, milagroso redentor de los judíos y del judaísmo. Pero, por supuesto, también esta idea ha terminado materializándose y, asociándose ahora al mamonismo y ahora al socialismo, se ha transformado en un instrumento de subversión y de disgregación mundial. De acuerdo a Weiniger, los judíos, no reconociendo en el Cristo al Mesías, han perdido la posibilidad que se les había presentado, en lo interno de su historia, de una vía de salida de su oscuro destino. La posibilidad positiva - siempre según Weiniger- se ha diferenciado con el Cristianismo. Esta negativa constituye el judaísmo propio y verdadero. Esto comprendido como esquema general. Pero además el judaísmo constituye una potencialidad, el peligro latente propio de un sustrato de subhumanidad, listo para afirmarse por doquier allí donde las formas superiores y viriles de la civilización y de la espiritualidad aria vacilen y entren en crisis.

Son interesantes las palabras con las cuales Weiniger cierra estas consideraciones sobre el espíritu judío: "En nuestros días vemos a los judíos en el punto mayor al cual hayan jamás llegado desde el tiempo de Herodes en adelante. Nuestro tiempo no es sólo hebraico, sino también el más "femenino"; el tiempo en el cual el arte no representa sino un sudario de sus humores; el tiempo de la ética colectivista de la especie; el tiempo en el cual a la historia se la considera con la más asombrosa ligereza (materialismo histórico); el tiempo del capitalismo y del marxismo; el tiempo en el cual la historia, la vida y la ciencia no significan más nada sino economía y técnica; el tiempo en el cual el genio pudo ser declarado una forma de locura, el que sin embargo no posee más ni siquiera un solo gran artista o filósofo; el tiempo de la mínima originalidad y de la máxima búsqueda de ésta; el tiempo que puede vanagloriarse de ser el primero en haber exaltado el erotismo, pero no para olvidarse de sí mismos, como los Romanos o los Griegos en las Bacanales, sino para tener la ilusión de volver a hallarse y para dar un contenido a la propia vanidad".

Estas palabras fueron escritas varios años antes de la primera guerra mundial. Pero en una cierta medida, las mismas son aun hoy actuales y aun más actual es la alternativa formulada por Weiniger, diciendo que la humanidad debe nuevamente elegir entre judaísmo y arianismo, entre la mujer y el hombre, entre la especie y la personalidad, entre la falta de valor y el valor, entre la vida terrenal y la superior, entre la nada y la divinidad, y que no existe un tercer camino.

IV

EL JUDÍO DISRAELI Y LA CONSTRUCCIÓN DEL IMPERIO DE LOS MERCADERES

En un breve escrito salido en esta misma revista en el periodo de las sanciones (1935)[3] se ha tratado de precisar el rostro que, desde el punto de vista de la tipología de las formas de las civilizaciones, presenta el denominado "imperio" inglés.

En tal ocasión, hemos mostrado que el inglés no es sino la caricatura y la deformación de lo que significa un verdadero imperio. No existe imperio digno de tal nombre sino en relación con una organización supranacional, que tenga en su centro valores heroicos, aristocráticos y espirituales. Ahora bien, nada de semejante puede hallarse en el "imperio" ingles. Toda normal relación jerárquica ha padecido en vez en el mismo una verdadera y propia inversión. Es verdad que existe en Inglaterra una monarquía, una nobleza casi feudal, una casta militar que -por lo menos hasta ayer- presentaba notables cualidades de carácter y de sangre fría. Pero todo ello no es sino una fachada. El verdadero centro del "imperio" inglés se encuentra en otra parte; el mismo se encuentra, por decirlo así, en la casta de los mercaderes, en el sentido más genérico del término, que retorna

---

[3] Se refiere aquí a las sanciones que la Sociedad de las Naciones, bajo el impulso de Inglaterra, impuso a Italia en ocasión de la guerra de Etiopía.

también las formas modernas de tal estirpe, la que se manifestara como oligarquía plutocrática, finanza, monopolio industrial y comercial. El "mercader" es el verdadero señor de Inglaterra. El espíritu desprejuiciado y cínico del mercader, su puro interés económico, la voluntad de poseer y explotar al máximo la riqueza del mundo, tales son las bases de la política "imperial" inglesa, tales son las verdaderas palancas de la vida inglesa, más allá de la fachada monárquica y conservadora ya mencionada.

Ahora bien, es sabido que allí donde predomine el interés económico el Judío asoma la cabeza y encuentra el modo de escalar rápidamente todo puesto de mando. La infiltración del Judaísmo en Inglaterra es de larga data. Es la revolución inglesa y 'el protestantismo quienes le abrieron las puertas de Gran Bretaña. Los Judíos, que en 1290 habían sido expulsados por Eduardo I, fueron vueltos a admitir en Inglaterra sobre la base de una petición apoyada por Cromwell y finalmente aprobada por Carlos II en 1649. Desde tal período se inició una intensa emigración de Judíos hacia Inglaterra, sobre todo de los denominados Judíos españoles o Sefardíes, quienes llevaron consigo las riquezas obtenidas en otros lados en manera en gran medida oblicua y con éstas iniciaron la antes mencionada escalada de los centros de mando de la vida inglesa, a partir de la aristocracia y desde ambientes sumamente cercanos a la misma Corona. Menos de un siglo después de su readmisión, los Judíos, por tal vía, se sintieron tan seguros de su situación, que solicitaron su naturalización, es decir la ciudadanía inglesa. Aquí se presenta un episodio sumamente interesante: la ley, o *bill*, de naturalización de los Judíos fue aprobada en 1740. Entre sus ejecutores se hallaron esencialmente miembros de las clases altas y altos dignatarios de la iglesia protestante, lo cual demuestra, hasta qué punto, ya desde entonces, tales elementos fuesen espiritualmente judaizados o corrompidos por el oro hebraico. La reacción no vino de las clases altas inglesas, sino del pueblo. La ley de 1740 provocó tumultos y desórdenes en la población, en modo tal que en 1753 tuvo que ser derogada.

Los Judíos entonces recurrieron a otra táctica: salieron de la sinagoga y se convirtieron nominalmente al cristianismo. Así el obstáculo fue fácilmente superado y la obra de infiltración continuó con ritmo acelerado. Importaba a los Judíos conservar los puestos de mando y eliminar los motivos religiosos sobre los cuales entonces se basaba principalmente la oposición: lo demás era sólo un accesorio, pues el Judío convertido seguía siendo -en cuanto a instinto, mentalidad y manera de actuar- del mismo modo judío. Como un ejemplo típico entre tantos, recordemos al influyentísimo banquero judío Sampson Gideon, el cual, a pesar de haberse convertido, siguió sosteniendo a las comunidades judías y se hizo sepultar en un cementerio judío. El mismo Gideon con su dinero compró para su hijo un vasto territorio y el título de barón.

Ésta fue la táctica preferida por los ricos Judíos en Inglaterra a partir del Setecientos: suplantaron a la nobleza feudal inglesa adquiriendo sus propiedades y títulos y así, mientras que se mezclaron con la aristocracia, debido al sistema británico de representación, se hicieron siempre más dueños del mismo gobierno, con la natural e inevitable consecuencia de una progresiva judaización de la idea y de la mentalidad política inglesa.

Por lo demás, ya entre 1745 y 1749 el mencionado Sampson Gideon financiado al gobierno inglés con el dinero que él había multiplicado en manera sospechosa especulando con la guerra de los Siete Años, del mismo modo como Rothschild hizo a través de las acciones que comprara rebajadas cuando, a excepción de sus emisarios, nadie conocía el resultado de la batalla de Waterloo. En forma simultánea se usó, para ganarse adecuadas influencias, el método de emparentarse con la nobleza y si bien en 1772, con el *Royal Mariage Bill,* se sintió la necesidad de impedir el matrimonio de miembros de la casa real inglesa con Judíos, con ello se puede tener una idea del límite hacia el cual había arribado la infiltración judaica.

Por este doble camino se fue realizando una coincidencia siempre más visible entre los intereses del imperialismo inglés y los del capitalismo inglés, el cual a su vez estaba relacionado con vínculos estrechísimos e indisolubles, cada vez más complejos, con el judaico. Pero, aparte del imperialismo en sentido amplio, lo que es poco notorio es que justamente el "Imperio Británico" fue una creación inédita del Judaísmo, donada a la Corona real inglesa por parte de un Judío.

Este Judío fue Benjamín Disraeli, primer ministro de la Reina Victoria, elevado a la casta nobiliaria con el título de Lord Beaconsfield. Una tal coyuntura es particularmente interesante. En precedencia, a nadie le habría venido a la mente vincular la dignidad imperial con un concepto de riqueza, como es el relativo a las posesiones coloniales. También luego del medioevo gibelino, ello le habría aparecido a todo espíritu tradicional como una verdadera extravagancia y una caricatura, puesto que la idea imperial siempre tuvo algo de sagrado, siempre se vinculó a una función superior de dominio y de civilización y a un derecho, en alguna medida trascendente. No podía venirle a la mente sino a un Judío la de "reformar" la concepción del Imperio en el sentido de plutocratizarla y transformarla en un materialismo imperialista. Y este Judío fue justamente Disraeli-Dizzy, tal como se lo denominaba. Fue él quien hizo de la reina Victoria una "emperatriz", en tanto emperatriz colonial, es decir emperatriz de las Indias. Fue él el firme sostenedor de la idea "imperial" inglesa como facsímil de la idea mesiánico-imperialista hebraica: como idea de un pueblo, cuyo poderío es la riqueza de otros pueblos, de las cuales él se ha adueñado, y que él mismo cínicamente explota y controla. En el modo más violento, Disraeli siempre atacó a quien quería separar a Inglaterra de aquellas tierras de ultramar en las cuales, según las palabras de un historiador israelita, los Judíos habían sido pioneros, pero el hecho es que Disraeli sabía quien estaba detrás de aquella Inglaterra que debía dominar las riquezas del mundo. Y quizás él estaba entre aquellos iniciados que sabían que no se detenía en los últimos hilos de la madeja la simple plutocracia británico-hebraica. Son en efecto de

Disraeli estas palabras muchas veces citadas: "El mundo está regido por personas muy diferentes de lo que pueda pensar quien no penetre con la mirada por detrás de los bastidores" (en *Sybil*).

"¡Qué personaje este hombre! Y sin embargo la última impresión que se tiene del mismo es la de una sinceridad absoluta. Algunos lo consideran como un extranjero. ¿Inglaterra está para él o es él quien está para Inglaterra?

¿Es conservador o liberal? Todo esto es quizás lo mismo para el Pero la poderosa Venecia, la república imperial sobre la cual el sol nunca se pone, es ésta la imagen que lo fascina. Inglaterra es el Israel de su imaginación y él, si llegará a tener suerte, será el primer ministro imperial".

Estas palabras fueron escritas sobre Disraeli, cuando él era aun tan sólo el *leader* del partido conservador, por parte de un crítico que se demostró así verdaderamente con un espíritu profético. En tales palabras se encuentra encerrado el verdadero espíritu de la acción de "Dizzy". La referencia a Venecia, materialmente, viene del hecho de que la familia de Disraeli, originaria de Cento, cerca de Ferrara, antes de arribar a Inglaterra había intentado hacer fortuna en Venecia: así casi por familia le había llegado a "Dizzy" la reminiscencia del ideal "imperial" veneciano, al cual él, en íntima conexión con la idea hebraica, quería elevar a Inglaterra. Era nuevamente el ideal imperial propio del mercader, el poderío de una oligarquía burguesa fundada en el oro, en el comercio, en las posesiones de ultramar, en los tráficos. Y lo demás era tan sólo el medio y el instrumento. Pero para poder realizar este ideal "veneciano", dado que Venecia, por lo menos nominalmente, fue una república libre, había que desarticular ulteriormente a la Inglaterra en aquello que la misma conservaba aun del espíritu antiguo y tradicional. Y aquí se tiene otro aspecto característico de la acción de Disraeli.

En este escrito no pude procederse a una exposición

profundizada de los conflictos entre los partidos políticos ingleses del tiempo de Disraeli.

En cada caso, la mayoría de los lectores conocerá respecto de la lucha habida entre los *tories,* partidarios del Rey, conservadores y prevalecientemente católicos, *y* los *wighs,* aristocracia luterana celosa de la propia independencia y que estaba casada con la causa de las nuevas ideas liberales. La obra de arte de Disraeli fue la de superar en una cierta medida tales antítesis al asumir la dirección de un partido nuevo, llamado conservador en sentido estricto y tal en sus ideas de neutralizar aquello que había de bueno en uno de los dos partidos antagónicos aquí citados por medio de lo que el otro podía ofrecer. En otros términos, en el partido conservador disraeliano los verdaderos conservadores se liberalizaron y los liberales, en cambio, se convirtieron en una cierta medida en conservadores puesto que, sobre la base de las ideas utilitarias profesadas por éstos, fue fácil mostrarles la comunidad existente entre los interesas materiales propios y los de sus adversarios. Realizado, con el nuevo partido, este *quid medium,* puede decirse que Disraeli redujo a Inglaterra a ser una república oligárquica. Su partido conservador en realidad era una especie de *clique,* cimentada en intereses solidarios de clase, pero interiormente desordenada, liberalizada, privada de cualquier ideal. Y naturalmente, en esta *clique* la influencia hebraica y masónica era sumamente decisiva.

Sin embargo parece que Disraeli apuntaba aun mas lejos. Se lo presume de la colección de sus libros que se titulaban *La nueva Inglaterra.* En la novela *Sybil o las dos naciones* se refleja exactamente la táctica ideológica ya usada por la masonería para preparar la revolución francesa. Aquí Disraeli no esconde su fervor por las clases más bajas de la sociedad, anuncia que son éstas las que harán la historia cuando serán guiadas por sus jefes naturales, por una nueva *elite* iluminada y que supera los prejuicios del pasado. Tales ideas entusiasmaron a la nueva generación de la nobleza inglesa, que soñó con asumir esta nueva función directiva de aristócratas "iluminados", es decir, empeñados en cavarse la propia fosa. En la otra novela disraeliana de la misma colección, *Coningsby*, el personaje central, es un misterioso judío de origen español, Sidonia, "una mezcla de Disraeli y de Rothschild, o, mejor aun, de aquello que Disraeli hubiera querido que fuese Rothschild" (Maurois). Este Sidonia instruye a Coningsby, símbolo de la nueva Inglaterra, en la doctrina de la "ambición heroica": y nuevamente se reafirma el ideal del pseudo conservadorismo disraeliano. La solución indicada por Sidonia es un gobierno que posee principios conservadores, pero que actúa en manera liberal. En suma, una vez que se había liberalizado a la aristocracia *tory* inglesa y eran reducidas sus ideas a meros "principios" sin consecuencias prácticas, se trataba de lisonjear la ambición de esta estirpe, hasta que concluyera asumiendo el rol de jefes del pueblo, destinados por supuesto a ser luego superados en la fase sucesiva de la subversión, así como aconteció en Francia con la aristocracia que había acariciado las nuevas ideas. A tal respecto, aparte de los conceptos expresados en el libro, se recuerde que fue Disraeli quien introdujo el sufragio universal en Inglaterra, aun si en forma preliminar (voto a los jefes de familia propietarios), puesto que él tuvo la habilidad de presentar la cuestión como una solución intermedia aceptable por parte sea de los *tories* como de los *wighs*. Pero la labor corrosiva de Disraeli no se limitó al campo político, la misma trató de conducirse hasta el mismo terreno religioso. Y aquí el Judío se saca sin más la máscara. Era necesario que las partes sanas de Inglaterra fueran afectadas también en su base interior, que era la fe cristiana y sobre todo la católica. Y he aquí que para ello Disraeli enuncia la famosa teoría de la convergencia y de la recíproca integración de judaísmo y de catolicismo. He aquí lo que él escribe en *Sybil:* "El cristianismo sin el judaísmo es inconcebible, de la misma manera que el judaísmo es incompleto sin el cristianismo". En *Tancredi* él redobla las dosis y pretende que la tarea de la Iglesia sea la de defender en una sociedad materialista los principios fundamentales de origen hebraica que se hallan en los dos Testamentos. Y en estas tesis Disraeli fue de una crudeza tal que

Carlyle consideró insoportables las insolencias de Dizzy y reclamó textualmente: "hasta cuando John Bull seguirá permitiendo que este mono absurdo siga danzando sobre su estómago".

Pero en materia de judaísmo Disraeli, quien, por haber sido bautizado, se declaraba cristiano, era intransigente y privado de reticencias. Con todos los medios, desafiando el escándalo, él sostuvo la tesis de la alianza entre los "conservadores" debilitados, de los cuales se hablará mas arriba y los Judíos. Perseguir a los Judíos es el mas grave error que puede cometer el partido conservador. Puesto que por tal vía el mismo termina transformándolos en jefes de partidos revolucionarios. Se encuentra luego la cuestión moral. "Uds. enseñan a sus niños la historia de los Judíos", dijo Disraeli en un famoso discurso ante la Cámara de los Comunes. "En los días de fiesta Uds. leen a vuestros pueblos las empresas de los Judíos cada domingo y si desean cantarles loas al Altísimo o consolarse de sus aflicciones buscan en los cantos de los poetas judíos la expresión de tales sentimientos. Es en exacta proporción con la sinceridad de vuestra fe que deberían cumplir este gran acto de justicia natural... Es como cristiano (?) que no tomaré la terrible responsabilidad de excluir a aquellos que pertenecen a la religión en seno de la cual ha nacido mi Señor y Salvador".

No habría podido irse más lejos en materia de desfachatez. Hubo en efecto un escándalo entre los "conservadores", pero sin mayores consecuencias. La avanzada hebraica procedía en forma segura y silenciosa en las clases altas inglesas y dentro del mismo gobierno. Es a Disraeli que se le debe el golpe de mano inglés de 1875 en Egipto. ¿Y ello con la ayuda de quién? De Rothschild. En 1875 el Jedive de Egipto se hallaba en problemas financieros y Disraeli llega a saber que él está dispuesto a vender 177 mil acciones del Canal de Suez. La ocasión era magnífica para asegurar las vías de la India. El gobierno hesita, Rothschild en cambio no. He aquí las partituras del coloquio histórico entre Disraeli y Rothschild. Disraeli solicita cuatro millones de libras esterlinas. Rothschild le pregunta a Disraeli: Qué es lo que tiene

Ud. para darme en garantía?". Y Disraeli contesta: "El gobierno británico". Entonces el otro: "Mañana tendrá Ud. los cinco millones". Y se los entrega a un interés bajísimo; naturalmente los verdaderos e importantes intereses de la *clique* judaica se hallaban en un plano muy diferente y menos visible...

Tampoco Disraeli descuidó facilitar a los Judíos en Inglaterra la misma observancia ritual de la ley judaica. Resulta un episodio poco conocido el denominado "sábado inglés" que no es otro que el sábado hebraico propio de Disraeli, dentro de una adecuada cobertura "social".

Mientras que por distintas vías se cumplía la judaización de la antigua Inglaterra feudal, mientras que la antigua aristocracia era gradualmente deshuesada y vacunada con las ideas más aptas para convertirla en fácil presa de la influencia material *y* espiritual judaica *y* masónica, Disraeli no descuidaba la otra tarea, es decir la de acrecentar y reforzar el poderío del nuevo imperio de los mercaderes, de la nueva "Venecia imperial", de la resurgente Israel de la Promesa. Y todo ello, según un estilo propio del judío. Disraeli ha sido uno de los principales promotores de aquella triste y cínica política internacional "inglesa" desarrollada a través de determinadas personas "protegidas" y por medio de chantajes, la cual hoy ha madurado hasta las últimas consecuencias. El caso más típico de ello ha sido la guerra ruso-turca. Disraeli no hesita en traicionar en primer término la antigua causa de la solidaridad europea al poner a Turquía bajo la protección inglesa. La Turquía vencida es salvada por Inglaterra: con el método "inglés" de las sanciones y de las amenazas, Disraeli logra paralizar la avanzada eslava hacia el sur, sin disparar un solo tiro, mas aun obteniendo Chipre como regalo por parte de Turquía. En el Congreso de Berlín el embajador ruso Gortshakoff es obligado a exclamar dolorosamente: "¡Haber sacrificado cien mil soldados y cien millones por nada!"[4]. Pero hay

---

[4] Algo que hoy resultaría a más de uno como un hecho singular es que en el Congreso de Berlín se desarrolló casi como una amistad entre el judío Disraeli y

algo más grave, desde un punto de vista superior. En esta coyuntura provocada por Disraeli, Turquía llega a ser admitida en la comunidad de las naciones europeas protegidas por el denominado "derecho internacional". Escribimos "denominado" porque antes un tal derecho, lejos de valer para todos los pueblos de la tierra, valía tan sólo para el grupo de las naciones europeas: era una especie de defensa y de ley interna de Europa. Con la admisión de Turquía se entra en una nueva fase del derecho internacional: y es propiamente la fase en la cual el "derecho" se convierte en una máscara y su "internacionalidad" en una pura ficción democrática, tratándose esencialmente de un instrumento al servicio de los intereses sobre todo anglo judíos, y luego franceses. Un tal desarrollo conduce hasta la Sociedad de las Naciones, para cerrarse con la crisis de ésta y con la guerra actual.

Los últimos años de la vida de Disraeli no fueron sin embargo tranquilos.

Los desastres de la plutocracia y de las *cliques* pseudo conservadoras comenzaron a hacerse manifiestos a través de la contribución dada por éstos a una general crisis financiera, agrícola e incluso colonial del imperio del sueño disraeliano realizado. Revuelta de los Zulúes, pródromos de la guerra de los Boers, rebelión de los Afganos. El viejo Disraeli, convertido en Lord Beaconsfield y benjamín de la Reina Victoria, no logra finalmente mantener más sus posiciones. Gladstone toma su lugar. Ello es, a pesar de todo, nada más que un cambio de guardia. Las camarillas, los sistemas, las directivas de la política internacional "imperialista", el falso conservadorismo, la

---

Bismarck, el "Canciller de Hierro" prusiano y ario. Los dos se entendieron a las mil maravillas y son de Bismarck las siguientes palabras: *Der alte Jude, das ist der Mann"'* (¡Este viejo judío es el hombre de la circunstancia!). Quien lea la obra de Malinsky, *La guerra oculta* (Ediciones Omnia Veritas) no se asombrará sobremanera por un tal hecho, pues tendrá un claro panorama de ciertos aspectos de la acción del mismo Bismarck los cuales, desde el punto de vista tradicional y verdaderamente conservador, no son para nada positivos.

mentalidad judaica que siempre destruye los residuos de la antigua ética del *gentleman* y del *fair play* con la praxis más hipócrita y más materialista, todo ello sobrevive y se desarrolla en el marco "imperial" británico luego de Disraeli, y no pierde la impronta del artífice. Ello es así hasta nuestros días.

Por tradición los mercaderes de la *City*, cueva de la plutocracia anglohebraica, tuvieron el derecho de invitar a *Lord-Mair* y de obtener de parte del Primer Ministro, en un discurso, sus confidencias y la expresión de su fe. El último de los discursos de tal tipo que sostuvo Disraeli fue una vez más una extrema profesión de fe "imperialista": "Para los Ingleses ser patriotas significa mantener el Imperio y mantener el Imperio es su libertad". Así se puede bien decir que en la lucha que hoy Inglaterra de manera obstinada y desesperada combate es el espíritu del judío Disraeli lo que vive. Y si los ingleses, para conformarse al mismo, llevarán no sólo su "imperio", sino también a su patria a la ruina, es a este campeón del Pueblo

Elegido a quien le deberán estar agradecidos.

V

ROSTRO Y GÉNESIS DE LA "BRITISH-ISRAEL WORLD FEDERATION"

Más de una vez en estas páginas se han hecho consideraciones sobre la denominada *British- Israel World Federation*, poderosa organización que comprende hoy en día a varios millones de socios y que se extiende por todos los dominios del Imperio Británico y de los Estados Unidos. Vale sin embargo la pena ocuparse más de cerca de ella, sobre la base del vasto material recopilado y organizado por una óptima y muy reciente monografía de Günther Schlichting salida en el último tomo de las *Forschungen zur Judenfrage*, bajo el cuidado del *Reichsinstitut für Geschichte des neuen Deutschlands* del profesor W. Frank (de pg. 42 a pg. 103 del tomo VI, editado por la Hanseatische Verlags-Anstalt). El argumento es al efecto particularmente interesante puesto que, si más allá de los múltiples, mutables y casi siempre hipócritas motivos en nombre de los cuales hoy en día Inglaterra trata de justificar su guerra, si es que ésta quisiese hallar el último y real significado de la misma en relación a una especie de fe religiosa, sería justamente necesario remontarse al movimiento ya mencionado, designable sin más con el término de *angloisraelismo*.

Nos remitiremos pues a la investigación de Sclichting,

investigación profundizada y muy ricamente documentada, agregando de parte nuestra tan sólo alguna consideración general.

El angloisraelismo tiene por base a la antigua tradición según la cual, luego de la muerte de Salomón, el Reino de David habría dado lugar, por escisión, a dos Estados, septentrional el uno y meridional el otro. El estado meridional, constituido por las tribus de Judas y de Benjamín, subsistió por un siglo más y, luego del periodo de la cautividad de Babilonia, se continuó históricamente a través del pueblo hebraico propiamente dicho, en aquel que, aun hoy tiene un tal nombre en el mundo. En cambio el estado septentrional, al cual pertenecían las diez tribus restantes de las doce que originariamente constituían al pueblo hebraico ha, por decirlo así, desaparecido de la historia. En el año 538 a. C., luego de un edicto de Ciro, los Judíos tuvieron el permiso de retornar a su antigua patria. Al respecto los textos bíblicos hablan sin embargo tan sólo de las tribus de Judas y de Benjamín, haciendo silencio respecto de las otras diez tribus.

El nombre de Israel, que antes era el del estado septentrional, terminó siendo transferido al pueblo del estado meridional, es decir, al pueblo propiamente judaico. Sin embargo el recuerdo de las otras tribus permaneció vivo en la tradición hebraica. Los Profetas anunciaron muchas veces el retorno de esta otra parte del pueblo elegido (ver por ejemplo *Isaías, XI, 11; XXVI, 13; Ezequiel,* XXXVII, 15-28), de modo tal que ya en aquel tiempo la reconexión de los dos antiguos Estados, de el de Israel y el de Judea, bajo un mismo Rey-Mesías constituyó un tema fundamental de las esperanzas mesiánicas hebraicas.

¿Adónde fueron a parar las diez tribus del Estado hebraico septentrional? El misterio que las cubre llegó a determinar a través de los siglos toda especie de conjeturas. Algunos afirman que se dirigieron hacia Etiopía, otros hacia el Mar Caspio, y así sucesivamente. Se determinaron también al respecto múltiples interferencias con distintas leyendas, como por ejemplo las relativas al Preste Juan, a Alejandro, al pueblo de Gog y de Magog. También hubo quienes supusieron que las diez tribus terminaron en América precolombina.

El problema tenía sin embargo que adquirir particular significado religioso y político sólo con el advenimiento y el desarrollo del puritanismo anglosajón, hacia el siglo XVII. Al puritanismo le resultó propio el haber retomado los textos bíblicos y la tendencia a acercar la nación y la historia de los ingleses a la nación y a la historia de los Judíos. Es decir, retomándose la idea de un pueblo elegido, destinado a preparar un Reino de Dios sobre la tierra y hecho por esto invencible y soberano por voluntad celestial, se llegó así siempre más a fortificar la fe en que un tal pueblo fuese justamente el británico. El puritanismo dio pues lugar a una especie de mesianismo británico, para el cual el recuerdo de las victorias asombrosas de Cromwell, del final de la Gran Armada Invencible y de otros episodios de la historia inglesa parecía ser ya un signo de claro significado. El *Commonwealth* británico, el conjunto de los dominios conquistados por Inglaterra, muchas veces con los medios más tramposos, debían así asumir casi un significado místico, el de una especie de base para el reino terrestre del Dios de la Promesa.

Para querer fundarla bíblicamente subsistía sin embargo para esta teoría puritana una dificultad fundamental, es decir el hecho de que Dios había prometido el Reino, propiamente, al pueblo hebraico. Es por la exigencia de superar esta dificultad y por lo tanto de legitimar plenamente el *imperium* inglés como efecto de elección y de voluntad divina que surge el angloisraelismo. La solución es sin más encontrada a través de la afirmación de la descendencia del pueblo británico respecto del pueblo hebraico y la utilización *ad usum delphini* del enigma relativo a las diez tribus del reino septentrional de Israel, desaparecidas de la historia. Estas diez tribus no serían otra cosa que los anglosajones. En tanto descendientes de la parte principal del pueblo hebraico, los Ingleses podrían reivindicar sin más para sí mismos la dignidad de pueblo elegido por Dios para un legitimo dominio de todas las tierras.

En diferentes leyendas medievales, cuyas raíces son antiquísimas, se habla de una piedra, denominada piedra de los reyes o del destino, que como un oráculo en los tiempos primeros habría designado a los legítimos soberanos. Se trata aquí de un tema que recorre en las tradiciones de muchos pueblos, figurando en la misma leyenda del Grial según la redacción de Wolfram von Escenbach. Una tal piedra figura también en Inglaterra. En 1296 fine llevada a Westminster, en donde aun se encuentra. Ella tuvo un papel importante en la teoría del derecho divino de los soberanos ingleses. Por el hecho de que en el Medioevo la idea de la soberanía sacral muchas veces enroló imágenes de reyes bíblicos, como David o Salomón, en el siglo XVI y XVII tenemos a unos Tudor y Estuardos que afirmaron orgullosamente descender no sólo de los antiquísimos reyes irlandeses, sino, a través de éstos, de reyes sacerdotales hebraicos, transformando pues unos puros símbolos en relaciones genealógicas regias. Pero, entre las tantas, una tradición manifiesta que la piedra regia de Westminster habría sido llevada desde Jerusalén y que habría sido aquella sobre la cual durmió Jacob. De allí tenemos un nuevo título de legitimación del angloisraelismo: en los soberanos ingleses se continuaría la estirpe imperecedera de los reyes hebraicos, destinados a dominar sobre todo el mundo en la época mesiánica.-

El primer angloisraelita ha sido un cierto Richard Brothers (1757-1824), un exaltado de origen canadiense que se decía el "nieto del Omnipotente" y que en 1822 publicó en Londres una obra con el siguiente título:

A correct Account of the Invasion and Conquest of this Island by the Saxon, necessary to be known by the English nation, the descendents of the greater Part of Ten Tribes, en la cual es ya claramente formulada la tesis de la directa descendencia de los

Anglosajones conquistadores de las islas británicas de las diez tribus perdidas de Israel. En el curso del siglo XIX las ideas de este fanático fueron difundiéndose entre las clases más altas de la sociedad inglesa, en la corte, en el ejército y en la Iglesia protestante. Esta fantasía, en realidad, iba directamente al encuentro del orgullo británico, proveía un mito y una excusa religiosa al cínico imperialismo inglés, sancionaba una fecunda alianza entre la conciencia religiosa puritanizada y la mas cruda praxis política. Que por tal camino se contaminara todo orgullo de raza y se operase una traición frente a los efectivos orígenes nórdico-arios de los conquistadores de Irlanda y de la Bretaña prehistórica, haciendo del inglés un hermano del Judío, ello sin embargo no tuvo tanto peso con respecto a la preocupación por santificar bíblicamente al imperialismo de John Bull. Por lo demás, se hallaban abiertas las vías para reivindicar, eventualmente y sobre otra base, una prioridad. Unos teóricos angloisraelitas se dieron en efecto a la tarea de demostrar que en verdad Judíos son sólo los Ingleses, los cuales pueden denominarse legítimamente Israelitas, siendo los demás simplemente Judíos. Ello no impedía sin embargo que con tales ideas se hubiese dado la base para una vasta comunidad de intentos y de intereses entre el elemento anglosajón y el propiamente hebraico. La silenciosa, pero sistemática, infiltración del elemento judaico en la sangre y en el mundo financiero y aristocrático inglés debía cumplir con lo demás[5].

    Desde el punto de vista teórico los representantes de este movimiento, con una diligencia digna de abejas, se han entregado a la búsqueda de todos los pasajes del Antiguo y del Nuevo Testamento en los cuales se habla propiamente de Israel. Y puesto que israelitas habrían sido sólo los Ingleses, descendientes del Estado septentrional de Israel, mientras que los Judíos propiamente dichos serían solo los descendientes de

---

[5] En el mismo tomo (VI) de la *Forschungen zur Judenfrage,* pgs. 104-252, hay un amplio *y* documentadísimo ensayo de Wilfried Euler sobre la *Penetración de la sangre Judaica en las clases inglesas,* incluyéndose allí un elenco de las familias análogo al publicado por *Vita Italiana* en relación a nuestros judíos.

los Judíos (de las dos tribus de Judas y de Benjamín), así tales teóricos desarrollan una exégesis para demostrar que todos aquellos pasos de las sagradas Escrituras no se refieren a otra cosa que al pueblo anglosajón, a su misión y destino.

Tenemos sobre tal base un doble procedimiento probativo, el uno a *priori* y el *otro a posteriori*. El *a priori* consiste justamente en el argumento genealógico, es decir, en la derivación propiamente racial de los Ingleses respecto de Israel y de la monarquía inglesa respecto de la estirpe de David y de Salomón. Recientemente no se ha tenido escrúpulo alguno en enrolar para tal fin a la historia, a la etnología e incluso a la antropología como sostén de tal tesis, refiriéndose incluso a racistas, como el norteamericano Madison Grant y el alemán Günther. Por ejemplo, se ha buscado de hacer corresponder las diez tribus a los *Bît-Humri*, es decir a los Kumros, éstos al pueblo de los *kimmeroioi* o Cimerios y de señalar un itinerario que desde Asiria va hasta Crimea y desde allí prosigue hasta las regiones nórdicas. Para Gay los mismos Godos habrían sido descendientes directos de las tribus de Israel. Denominaciones, con raíces da, *dan o dn*, que se hallan en palabras como Dacia, Danubio, Dnieper, Dniester, Don, Donez e incluso Danzig serían rastros de la tribu de Dan, una de las diez tribus dispersas. Parker y Kasken reputan incluso que ya en sus sedes palestinas las diez tribus hubiesen sido de raza nórdica, remitiéndose al carácter nórdico reconocido por varios racistas al pueblo antiguo de los Amoritas. Y puesto que también los Ingleses son, para aquellos autores, de raza nórdica, se tendría aquí una nueva prueba de la sostenida identificación. El problema de la relación de raza originariamente existente entre las doce tribus que constituyeron a la totalidad del pueblo hebraico, dado que los descendientes de las dos tribus de Judas y de Benjamín racialmente tienen muy poco que ver con los tipos nórdicos, es totalmente dejado a un lado por tales autores. También otros se refieren a la historia de las costumbres: Wilson se ha empeñado por ejemplo en demostrar la concordancia de las costumbres y de los usos de los Israelitas del Antiguo Testamento con las de los Godos, de los Anglos, de los Sajones y de los actuales Británicos, por ejemplo en lo relativo al particular significado atribuido a la mujer. También la constitución política y militar de tales pueblos, hasta el Parlamento Inglés, tendría como modelo a la ley mosaica.

Ni la etimología ha sido sorteada. En un opúsculo se ha llegado incluso a explicar la palabra "británico" a partir de un término hebraico, que quiere decir "federado" y el nombre de los Sajones derivaría de *Isaacsons,* es decir: ¡hijos de Isaac!

Y con respecto a la prueba *a posteriori.* Ésta se realiza por medio de las Escrituras. Son elegidos ante todo todos los pasajes bíblicos y neotestamentarios relativos a Israel como pueblo elegido y se razona así: puesto que Dios en el Antiguo Testamento ha prometido a "Israel" el dominio del mundo, la riqueza, la invencibilidad y a un hijo de David para que se mantenga a través de las generaciones sobre su trono, él debe ciertamente haber cumplido con tal promesa. En caso de no haberla cumplido toda la Biblia perdería significado, lo cual, desde el punto de vista de los creyentes, es excluido. Por lo tanto, Dios debe haber realizado su promesa. El problema entonces es sólo el de descubrir o individualizar al pueblo en el cual la misma se ha realizado en los tiempos actuales. He aquí pues que, siempre en las Escrituras, se recaban una serie de atributos de Israel como signos de reconocimiento y se llega a demostrar que éstos, por lo tanto, hoy calzan perfectamente para Inglaterra más que para cualquier otro pueblo. Con lo cual la identidad entre Israel e Inglaterra -the *Israel-Britain's Identity-* quedaría demostrada también *a posteriori.* He aquí algunos de tales signos o señales de reconocimiento: el dominio de los mares (de acuerdo *a Moisés,* IV, XXIV, 7) que posee Inglaterra; la posesión de todas las riquezas prometidas a Israel, y la cualidad de Israel como pueblo que "prestará a muchos pueblos sin tomar en préstamo de nadie", lo cual calza perfectamente para Gran Bretaña, y luego para los Estados Unidos a los cuales los Angloisraelitas les brindan el honor de reconocerles una igual descendencia; luego el "dominio sobre muchos otros pueblos";

la posesión de las "puertas" de los propios enemigos (y aquí se refieren a Gibraltar, a Suez, a Malta, a Chipre, a las Malvinas y a otras bases inglesas, a Panamá por parte de los norteamericanos, etc.); la expansión colonial y finalmente la invencibilidad y la indubitable supremacía sobre los demás pueblos. A partir de todos estos signos se reconocerá al pueblo elegido, a "Israel", de acuerdo a la autoridad indefectible de la Biblia; sucede que éstos -se sostiene- son los signos de Inglaterra; por lo tanto Inglaterra es la verdadera Israel. Es necesario tomar plenamente conciencia de ello a fin de que ésta llegue decididamente a realizar su misión divina hasta el final.

Después de las obras del desequilibrado Brothers, las de Edward Hine *(Identification of the British Nation with Lost Israel,* London, 1871; *Fortyseven Identification of the British Nation with the Lost Ten Tribes of Israel,* London, 1872) que parece que llegó a difundir en una tirada de 46 mil ejemplares, contuvieron los objetivos del movimiento. En Junio de 1872 había tenido lugar la primera conferencia angloisraelita en Londres, inaugurada por el segundo obispo de Jerusalén, Samuel Gobat, sucesor del judío Alexander. Luego de ello se formó un conjunto de organizaciones, siendo la principal de ellas en 1878, bajo el nombre *Metropolitan Anglo-Israel Identify Society y Shottish Israel Identification Association,* hasta que el movimiento fue unificado. A partir de 1902 el mismo se denominó *The Imperial British-Israel Association y* finalmente, desde 1919, *BritishIsrael World Federation,* es decir, federación mundial anglo-israelita. Esta asociación tiene células difundidas en todos los países de lengua anglosajona, se presenta, en una cierta medida como una asociación supraconfesional (acoge miembros de las diferentes confesiones religiosas así como a judíos profesos) y como tal se encuentra entre las más numerosas y poderosas del mundo entero. Su organización es perfecta. Ella posee un concilio general *(General Council),* teniendo a su lado concilios menores con fiduciarios, los cuales a su vez disponen, para la realización de sus fines, de encargados especiales *(commisioners),* de oradores propagandistas y de periodistas. Gran Bretaña e Irlanda se encuentran divididas en doce distritos, en cada uno de los cuales un *commisioner* dirige la propaganda. Para los estudios científicos, religiosos y políticos fue oportunamente creado un Instituto angloisraelita en las cercanías de Birmingham. Por supuesto que la organización se expande en los *Dominions* y está fuertemente representada en América del Norte. El fin de la propaganda es el de afiliar siempre a nuevos adherentes e influir en manera sistemática en la opinión pública de los diferentes países. Cada año tiene lugar un congreso mundial de la Asociación, que en 1927 congregó en Londres a nada menos que 27 mil convencionales provenientes de distintas partes del mundo, la que duró una semana completa, interviniendo personalidades destacadas e influyentes de la Iglesia Anglicana y de la misma Casa Real. La consigna de este congreso, réplica visible de la conocida fórmula hitleriana *Deutschland erwache*, fue: "¡Ponte en guardia Bretaña!" *("Britain beware.")*. En los *Dominions* -por ejemplo, en Australia y en Canadá- cada domingo tienen lugar especiales transmisiones de radio angloisraelitas. Por supuesto, el movimiento publica diferentes revistas. Las principales son *The national Message, Britain's Inheritance, Israel 's Identify Standard, The British-Israel Harald,* etc. A ello se le agregue una acción desarrollada a través de la prensa cotidiana. Por ejemplo, el movimiento tiene la costumbre de comprarse semanalmente una página publicitaria completa del *Times* o del *Morning Post* para utilizarla para sus fines con especiales comentarios referentes a los hechos del día. Se tienen en fin libros, opúsculos, manifiestos, volantes de todo tipo, siempre de gran tiraje. Millones de estos manifiestos y opúsculos fueron despachados y distribuidos en los últimos años en todas las regiones de los países de lengua anglo- sajona.

Hacia el 1900 el número indicado de los adherentes a tal movimiento era de dos millones, lo cual en la actualidad se debe haber multiplicado con seguridad. Se tiene el cuidado de poner en primera fila a una serie de personalidades de la aristocracia, del ejército y de las diferentes Iglesias. La lista de honor de los patrones de la "fe angloisraelita" (sic: *of the British-Israel Truth)* que han sostenido el movimiento en el mundo político, como oradores, en la prensa o en privado, comprende 550 nombres (algunos, entre los miles -*some of the thousands*) con 36 miembros de la Casa Real y de la nobleza, 139 religiosos con seis obispos y un arzobispo, 90 oficiales superiores con quince generales y seis almirantes, 32 intelectuales, entre los cuales seis profesores universitarios.

En el movimiento, la tendencialidad de una verdadera y propia religión nacional imperialista ha tomado siempre más la primacía sobre cualquier otra. Por lo cual la consigna es: "Antes el Reino, y luego la Iglesia. Antes la corona, y luego la Cruz". Tenemos pues una mística *sui generis* que, aunque retome temáticas cristianas, tiene como su supremo punto de referencia al *Imperium* británico, de modo tal que, en el fondo, en ésta cada particular confesión religiosa tiene tan poco peso, como lo tenía en la religión imperial de la antigua Roma. El verdadero núcleo central de esta fe es por un lado la tradición mesiánica hebraica y por el otro el mito de la Bretaña como nación elegida y predestinada, realizadora de las profecías de esta misma tradición.

Dado que según las ideologías aludidas los Ingleses serían Israelitas formando una nación hermana de la hebraica, al movimiento le es propia *ya a priori* una actitud filosemita a nivel político *y* religioso, actitud que en efecto se ha ido reforzando cada vez más. Ya los pioneros del movimiento tuvieron en su momento estrechas relaciones con Judíos. Las dificultades de orden confesional dirigidas desde algunos ambientes anglicanos han sido oportunamente sorteadas, por ejemplo reexumando textos según los cuales la conversión de los Judíos sería tan sólo obligatoria al final de los tiempos. Hay más: tal como se ha mencionado, en los textos bíblicos (sobre todo en *Ezequiel, XXXVII, 15-28)* un tema central de la época mesiánica es el de la reunión de Israel con Judea, lo cual en lenguaje angloisraelita significa de los Ingleses con los Judíos; y puesto que los Angloisraelitas piensan ser los anticipadores de la época mesiánica, es evidente que desde ahora conciban como natural y más aun querida por Dios a una comunidad anglohebraica de intereses y de acción. Para limar las antítesis, retomando las tesis del judío Disraeli, se llega siempre a subrayar lo que el cristianismo posee de hebraico y de inconcebible sin el Judaísmo. Así pues Disraeli había escrito en *Sybil:* "El cristianismo o es un judaísmo completado, o bien no es nada; el cristianismo sin el judaísmo es inconcebible, así como el judaísmo sin el cristianismo es incompleto".

Como acción política, los Angloisraelitas, ya en la época de Napoleón, se dieron a la tarea de justificar místicamente las luchas de Inglaterra. Uno de los pioneros del movimiento, Ralph Wedwood, en 1814 estigmatizó a Napoleón, y a Francia y a Roma como las enemigas de Inglaterra, nación elegida por Dios, invocando la ayuda de Rusia, La política imperialista de José Chamberlain fue enérgicamente sostenida por los Angloisraelitas. En ocasión de la proclamación, querida por el judío Disraeli, de la reina Victoria cual emperatriz de las Indias, se llegó incluso a descubrir la descendencia de los Hindúes a partir de Abraham y por lo tanto el parentesco de éstos con los Ingleses; al mismo tiempo se reconstruía para la dinastía reinante un árbol genealógico que remitía una vez más a David. También en la fiesta de coronación del 9 de marzo de 1937 el rabino Herz, en la Gran Sinagoga de Londres, se remontó al presunto origen hebraico de la piedra de Westminster, de lo cual ya se ha hablado y que vale como un alto símbolo del legitimismo angloisraelita.

Ya en la guerra mundial de 1914-1918 Alemania valió para los Angloisraelitas como una potencia satánica, que Inglaterra debía arrastrar ante el juicio divino. Análogos sentimientos fueron luego demostrados hacia Italia; los Angloisraelitas se asociaron a la campaña "humanitaria" en contra de nuestro país, agresor de Abisinia, mientras que éstos ya se habían demostrado como maestros en glosar todos los textos bíblicos que legitimaban el domino de la Inglaterra-Israel sobre toda especie de pueblos "aborígenes" (por ejemplo, ha sido predicho que "Israel deberá rechazar a las razas primitivas hasta los límites extremos de los países, que ellas ya comprendieron que son de su propiedad").

Es inútil decir aquí que los Angloisraelitas fomentan hoy en día el odio mas despiadado en contra de los países del Eje y con cualquier medio buscan dar a la actual guerra de Inglaterra el carácter de una verdadera y propia guerra santa o cruzada, o como se la quiera llamar. Millones de volantes y de opúsculos son difundidos para tal fin: se le agregan los denominados *B.I. Commentaries*, es decir los comentarios sobre los acontecimientos políticos de la entera página del *Times* que para dicho fin, tal como se ha dicho, el movimiento adquiere. Esta propaganda ejerce una fuerte presión sobre los mismos Estados Unidos, en donde naturalmente, fuerzas hebraicas y puritanas la apoyan: el pueblo elegido, el Israel de la Promesa es la "raza anglo-sajona" en general, por lo tanto es lógico que Norteamérica deberá estar al lado de Inglaterra en esta lucha en contra de las "potencias satánicas y anticristianas".

El tema, al cual siempre se da relieve en el movimiento, es que Inglaterra tiene como propia la misión y el derecho de una dirección moral del mundo. Que a la misma pertenecen también las riquezas y que por lo tanto los países anglosajones, además de ser las tierras de los nobles paladines de los principios de justicia, libertad y humanidad, son también los países de la hegemonía financiera y plutocrática; ello es un detalle sin más contemplado en el ideal judeo-protestante del *Regnum*. Allí donde sea necesario, esta primacía de Inglaterra debe ser sostenida con las armas, y es sobre tal base que el movimiento cuenta con numerosos adherentes en los ambientes militares. Si se encuentran a naciones que no estén dispuestas a admitir sin más el imperialismo "moral", económico y político ejercido por Inglaterra por voluntad divina, ello es una señal segura de que se trata de naciones sin Dios, verdaderos satélites de Satanás, siendo pues la misión de Israel-Inglaterra la de exterminarlas y abatirlas impugnando el hacha y la espada de la profecía. Los Angloisraelitas habían considerado ya hace veinte años a la primera guerra mundial como una especie de preludio de otra y más decisiva guerra, la cual deberá introducir una paz por siglos enteros, "en la cual el reino de Nuestro Señor que, como un germen en continuo desarrollo, ya está presente en el imperio británico, absorberá a todos los reinos de la tierra". Se apunta así a la movilización total de un sentimiento religioso desviado e invertido al servicio de la lucha que hoy Inglaterra combate al lado del judaísmo internacional y del bolchevismo. Es un tentativo magnificado de conciliar la fe con la política y el nacionalismo según una fórmula, que puede decirse como el único "mito" de nuestros adversarios y del imperialismo inglés en general.

Finalizando su ensayo Schlichting escribe: "Que en la Inglaterra de los siglos XIX y XX haya podido formarse un tal movimiento con millones de adherentes, el cual hace incluso de devotos cristianos unos instrumentos activos y convencidos del imperialismo británico, no molestando para nada con ello a su fe en la Biblia, es más, estableciendo una estrecha conexión entre tal fe y la política presente y futura, éste es un fenómeno que merece toda nuestra atención en lo relativo al impulso de los anglosajones por crearse una concepción del mundo apta para sostener su política y su voluntad de guerra y de victoria".

A no ser que justamente este último punto es lo que constituye una postura peligrosa. Entre los signos que harían reconocer a Inglaterra como el verdadero Israel, tal como se ha dicho, se encuentra la invencibilidad. Ya desde hace tiempo los Angloisraelitas han puesto de relieve, para tal fin, el hecho de que, desde las épocas de Guillermo II el Conquistador, nunca ha acontecido una invasión enemiga en territorio británico y ellos han difundido el mito de que Israel-Inglaterra ha sido siempre invencible, tanto en el Mar Rojo como contra la Gran Armada española o en Waterloo o en la última guerra mundial. Hacer propia una tal tesis y un tal argumento significa sin embargo remitirse a la prueba de la lucha, subordinar a su problematicidad la solidez de toda la construcción. Es así como el resultado mismo del actual conflicto se encargará, entre otras cosas, de liquidar estas fantasías de fanáticos y desequilibrados, en sí mismas ridículas y pueriles, pero también sumamente significativas si son consideradas como instrumentos por medio de los cuales las fuerzas secretas de las subversión mundial tratan de mantener viva una tensión espiritual y una fe en el seno de los pueblos que más se resienten de su poder.

VI

LA "CONFUSIÓN DE LAS LENGUAS": UN ATAQUE JUDÍO CONTRA LA CRISTIANDAD

Ya desde el Antiguo Testamento resulta que el Judaísmo reconoció en la "confusión de las lenguas" a uno de los medios más eficaces para paralizar toda obra constructiva. Los Protocolos son, al respecto, sumamente explícitos: los "Sabios" consideran como algo esencial para realizar sus planes difundir las teorías más contradictorias, de modo tal de generar una desorientación y una confusión general, para beneficio de la acción secreta y unitaria de Israel y de las fuerzas ocultas aliadas suyas. Y a tal respecto vale resaltar la ingenuidad de aquellos que, del aspecto aparentemente contradictorio de tantas ideas atribuidas al Judaísmo, creen poder concluir negando la existencia de un plan de conjunto, no dándose cuenta de que una tal contradictoriedad se resuelve en la diversidad de objetivos parciales asignados a tantas columnas de un único ejército. Sobre estas mismas páginas, luego y de manera repetida, hemos explicado en cuáles términos debe comprenderse una tal unidad.

Aquí nosotros queremos señalar aquel ejemplo de "confusión de las lenguas" que se refiere a la apreciación del Cristianismo de parte de los distintos exponentes del Judaísmo. Israel odia al Cristianismo, hace remitir al Cristianismo el origen de la persecución antisemita y acusa en ello una de las más nefastas injusticias de la historia. Ni siquiera el hecho de que sea un converso al Cristianismo católico, le impide a un autor judío contemporáneo, como W. H. Friedmann, escribir palabras como éstas: "El Cristianismo domina al mundo; desde hace mil años ha despreciado, infamado y asesinado al Judaísmo. Puestos fuera de la ley, los Judíos actúan con paciencia, pero saben sufrir injustamente, lo cual los mantiene unidos. Ninguna calumnia puede borrar el hecho de que ellos fueron y son los representantes de aquel único pensamiento divino, del cual ha emanado toda moralidad". La destrucción del Cristianismo y la abolición del actual ordenamiento de los Estados cristianos, identificado por Judíos, como por ejemplo Ruthendorf, a la "infame organización de Satanás", constituye, en una parte de la literatura hebraica, la permisa y la *conditio sine que non* para el advenimiento de la época mesiánica.

Ésta es indudablemente la posición de una de las columnas del Judaísmo. Pero no es la única. Ya Disraeli, un Judío, el cual por muchos síntomas se nos aparece como mucho más iniciado en las "cosas secretas" que varios de sus correligionarios, tendía a establecer una ecuación entre Cristianismo y Judaísmo, expresándose en su libro Sybil de la manera que sigue: "El Cristianismo es un Judaísmo perfecto, o bien no es nada; sin el Judaísmo el Cristianismo resulta incomprensible, de la misma manera que sin el Cristianismo el Judaísmo sería incompleto". Palabras éstas por lo menos tan sibilinas como el título del tomo en el cual se hallan, puesto que las mismas no esclarecen en función de cuál cosa deba comprenderse la pretendida solidaridad entre Judaísmo y Cristianismo. Algunos Judíos dirigen el tema a una apología indirecta. Ellos consideran como accidental y vinculada a "tiempos bárbaros", como los del Medioevo, la aversión antisemita y la persecución de los Judíos por parte de los Cristianos; remiten en vez lo esencial al hecho de que Jesús era Judío y que en el *habeas* del Cristianismo y del Catolicismo la tradición hebraica constituye un elemento fundamental e imprescindible. Sobre estas mismas páginas

Monseñor Trzeciak ha recordado que, partiendo de tales premisas, el rabino polaco Thon declaró que el antisemitismo es incompatible con el Cristianismo y que una elección entre el uno o el otro se impone a cualquiera que tenga el coraje de un pensamiento decidido.

Pero he aquí la tesis según la cual el Cristianismo brota del Judaísmo, llega a asumir también una fisonomía muy diferente, insospechada y cuanto más interesante en algunos exponentes del frente hebraico, los cuales, con ello, arriban efectivamente a la forma-límite de la "confusión de las lenguas" en orden al tema en cuestión. A tal respecto, tenemos un documento interesantísimo, entre nosotros -no es necesario decirlo- totalmente desconocido, pero que vale la pena hacerlo conocer, dado que en muy pocos otros casos se sabría hallar un grado semejante de coraje, una tal actitud de verdadero y propio desafío, un cinismo digno de un verdadero "Sabio de Sión".

Nosotros nos referimos a los dos artículos salidos respectivamente en los números de enero y de febrero de la revista *The Century Magazine* bajo los títulos *A real Case against the Jews* y *Commissary to the Gentiles*, con la firma de Marcus Eli Ravage[6].

Este Ravage es un Judío rumano, hijo de Juda Loeb Revici, emigrado a Norteamérica en el 1900, en donde tomó el nombre de Ravage, cumpliendo con sus estudios en la Columbia University. Ravage comienza su escrito atacando en pleno a los

---

[6] En relación a los números de la revista que contenían los dos artículos se ha repetido un fenómeno sumamente conocido: los mismos han sido comprados en bloque y así convertidos prácticamente en inhallables. El *Weltdienst* de Erfurt ha publicado una reimpresión en el texto inglés original, bajo el título *Bombshell against Christianity*. Agreguemos al respecto que tales procedimientos hoy resultan totalmente innecesarios debido al estado de reblandecimiento mental al que es sometido el público lector al cual *la* "libertad de prensa" y los organismos formativos de la opinión pública se encargan de seleccionarle lo que éste debe leer e ignore de por vida incluso la existencia de aquellas escasas páginas en donde se dice la verdad. (N. de la Trad.)

antisemitas, llamándolos a unos diletantes, a otros histéricos, gente que no sabe lo que quiere y que no conoce ni siquiera el principio de la verdadera culpa de los Judíos. "Uds. van buscando desde hace siglos justificaciones por todas partes -"razones" tal como Uds. las llaman- y cada una de vuestras invenciones es más ridícula que la otra, cada nueva excusa contradice y destruye a la otra. Uds. son un verdadero milagro de versatilidad. Nos reprocháis primero de restringimos al comercio del oro y a una consecuente práctica materialista, y ahora vienen a lamentarse porque no hay arte y profesión que no sea inmune a la invasión Hebraica. Nos acusabais de ser exclusivistas y inasimilables, porque no queríamos contraer uniones mixtas, y he aquí que ahora nos reprocháis lo contrario, es decir, de contaminar vuestra integridad racial. Nos descalificabais como pacifistas y humanitaristas por naturaleza y tradición, y he aquí que ahora, al creer en la validez de los *Protocolos* nos atribuís el papel de señores del mundo, de imperialistas y de fomentadores de toda guerra. Para Uds., somos los creadores del capitalismo, pero, al mismo tiempo, nos atribuís el papel fundamental en la revuelta en contra del capitalismo. En fin, he aquí la razón principal del antisemitismo: somos un pueblo que nunca ha querido aceptar al Cristianismo y que ha crucificado a su fundador".

Aquí es donde Ravage arriba al núcleo central de su argumentación. Él dice: Uds. tienen miedo de mirar la realidad en su rostro y de traducir en verdadera autoconciencia la razón confusamente sentida de vuestro resentimiento: "Uds. odian a Israel no porque ha crucificado a Jesús, sino porque lo ha generado. La razón secreta de vuestro resentimiento no se encuentra en el hecho de que nosotros hayamos rechazado al Cristianismo, sino en el hecho de que nosotros les hayamos impuesto el Cristianismo'. En tales términos, "Uds. se hallan muy lejos de reconocer el verdadero alcance de nuestra culpa" y de una influencia nuestra, "que es indudablemente mayor y mucho mas insidiosa de aquella que Uds. creen ejercida por nosotros

El Cristianismo, justamente el mismo, para Ravage ha sido el *opus magnum* del Judaísmo, el verdadero instrumento con el cual el mismo ha cumplido la mayor obra destructiva sobre la civilización aria, la revolución por excelencia, confrontada con la cual todo movimiento destructivo adscrito con razón o no por los antisemitas a cargo de Israel se convertiría en una verdadera broma. "Yo no los entiendo, dice textualmente Ravage, ¿por qué se entregan a invenciones, que no soportan la crítica más superficial mientras que podrían fácilmente aducir acusaciones aplastantes en contra de nosotros? ¿Qué necesidad tienen de discutir acerca de la autenticidad de los Protocolos cuando tienen un documento, como el Apocalipsis de Juan? Nos acusáis de haber encendido la revolución moscovita. Sea: aceptamos la acusación. ¿Y con esto? Comparada con lo que el Judío Pablo de Tarso le hizo a Roma, la revolución rusa no es sino un escandalete de cuartel. Uds. hacen tanto barullo por la indebida influencia hebraica en vuestros teatros y en vuestro cine. Está bien, concedido, vuestros lamentos son justos, ¿pero qué puede significar todo esto en comparación con la poderosa influencia que ejercemos sobre vuestras iglesias, sobre vuestros regímenes y más aun incluso en todos vuestros movimientos del mundo intelectual? Nosotros hemos tomado posesión de vuestro mundo natural, de vuestros ideales, de vuestro destino y nos hemos burlado de todo esto. Nosotros hemos cambiado todo el curso de vuestra historia imponiéndoles un yugo que ni siquiera el Asia o el África conocieron jamás de parte de vuestra potencia armada. Nuestro pequeño país originario se ha convertido en vuestra Tierra Santa. Nuestra literatura nacional se ha convertido en vuestra Biblia. Una joven judía es vuestro ideal de la maternidad y de la feminidad. Un profeta rebelde se encuentra en el centro de vuestra devoción. De vosotros, hemos hecho los portadores inconscientes y los agentes de nuestra misión y de nuestra tradición de raza, que Uds., difundieron hasta los ángulos más inexplorados de la tierra y transmitieron a través de innumerables generaciones. Nosotros hemos abatido a vuestros ídolos, hemos desplazado vuestras herencias nacionales sustituyéndolas por nuestro Dios y por nuestras tradiciones. No existe conquista en la historia que pueda ser nunca comparada con ésta, la que nosotros los Judíos hemos hecho sobre vosotros".

El aspecto más interesante y original de la tesis de Ravage consiste en que él, a diferencia de otros correligionarios suyos, no ve en todo esto una obra positiva, de la cual se le tenga que agradecer a Israel, sino una obra verdadera y propia de alteración y de subversión, apta para remitirse a un plan diabólico del tipo de aquellos de los que se trata en los *Protocolos*. Y Ravage lo reconoce y lo proclama con una complacencia casi sádica: "Nosotros somos invasores. Nosotros somos destructores. Nosotros somos subvertidores". Él antepone una concepción del mundo pre-cristiano en los términos de una civilización armoniosamente vinculada a las fuerzas de naturaleza, jerárquica, que reconoce a la guerra y a la esclavitud su necesario lugar en el sistema de conjunto, ajena a la utopía igualitaria, noble y, al mismo tiempo, sanamente sensual, dirigida a indagar los misterios de la vida y a poner los fundamentos de una ciencia natural y de una filosofía natural. "¡Quién sabe qué grandes y gloriosos destinos habrían sido los vuestros - dice Ravage- de haber estado solos!".

El Judaísmo irrumpe en una tal civilización con una fuerza destructiva, alteradora y lacerante. Con el Cristianismo el mismo habría obstaculizado e interrumpido irreparablemente todo desarrollo. El mismo impuso ideas extrañas, que se convirtieron en fuentes de irremediable dualismo, puesto que, interiormente, a pesar de toda conversión, permanecieron en el hombre ariano una herencia y un instinto irreductibles a su nueva fe y a los valores de origen hebraico. "Nosotros nos hemos empeñados sólo en dividir vuestra alma, en confundir vuestras inclinaciones, en paralizar vuestros deseos... en suscitar conflictos y discordias en vuestra vida interior y pública". "Es increíble, pero Uds. los Cristianos parecen en verdad ignorar de dónde vino vuestra religión, ni cómo, ni por qué". Y el colmo es éste, que para vosotros "¡el Cristianismo no ha sido la destrucción de una gran civilización pagana y de un gran imperio pagano, contra el cual los Judíos estaban en guerra; el mismo, según vosotros, no sumergió a la humanidad en la barbarie y en las tinieblas por un entero milenio, sino que vino a llevar la redención en el mundo de los Gentiles!".

Sigámoslo un poco más de cerca a Ravage en la reconstrucción de la génesis y del desarrollo del Cristianismo. El mismo se remonta al 65 a. C, y en Israel y en Roma reconoce las *dramatis personae* fundamentales. Pasada bajo el dominio romano, Judea fue un foco incesante de rebelión, que se fue agudizando siempre más cuando los Romanos comenzaron a importar en aquel país sus costumbres, sus leyes, sus instituciones. El incendio de la revuelta se alimentaba subterráneamente, con rápidas llamaradas. Ya Juan Bautista habría sido uno de estos agitadores que escondía, bajo frases teológicas aparentemente inofensivas, la sedición política y la esperanza en el advenimiento de aquel que habría restituido a Israel su poder. Pero las castas superiores hebraicas estaban en plena decadencia, la letra de la ley había sofocado el espíritu, el mercantilismo y el materialismo invadían al mismo sacerdocio. En un tal ambiente Jesús surge no como el creador de una religión, sino como aquel que, según el ejemplo de los otros profetas hebraicos, quería purificar y revitalizar la antigua ley, entrando con ello en conflicto sea con la ortodoxia judaica, sea con los representantes del orden constituido. Los secuaces de Jesús eran esclavos y miserables, enemigos del mundo y del Estado, que soñaban la inversión de todos los valores que les habrían otorgado justicia. La fórmula del *Regnum,* el anuncio de que "los tiempos han llegado para Ravage no eran otra cosa que la consigna de la Revolución. Jesús soñaba con revivificar a la ley hebraica, con liberar a su pueblo, con constituirse como rey de los Judíos. Intervinieron en este punto las autoridades romanas y, en concertación con los conservadores del Judaísmo, capturaron y ajusticiaron al "profeta rebelde".

Si todo hubiese permanecido en este punto, de acuerdo a Ravage, el Cristianismo no habría sido sino una de las tantas sectas que pululaban en Palestina y la tragedia del Gólgota no habría representado sino' un episodio. muy prontamente olvidado por la gran historia. El gran punto de partida, el inicio de la ofensiva hebraica en contra del mundo ario se refiere a Pablo. Este rabino era un ferviente patriota, y su intención originaria era la de terminarla con la herejía cristiana. Pero súbitamente se le presentó una idea nueva y diabólica. Él tuvo la precisa intuición -de que justamente el Cristianismo, en sus caracteres anarcoides, renunciatarios, pacifistas e igualitarios, habría podido ser el mejor instrumento en contra del mundo jerárquico no judío. Él se convenció de que la liberación de Judea y de Jerusalén en términos político-territoriales era en el fondo algo secundario con respecto a un plan más vasto y, de la idea de una lucha política, pasó a la de una lucha oculta a través del espíritu y de la propaganda. Él reconoció en la nueva fe cristiana la posibilidad de disgregar interiormente al conjunto del mundo no-hebraico y de empujar hacia la ruina a Roma, la gran enemiga de Israel, una vez que esta fe hubiese sido liberada de la referencia específica al Judaísmo y se hubiese universalizado. He aquí, según Ravage, el verdadero sentido de la "conversión" del rabino Saúl en la vía de Damasco: fue la intuición de un plan grandioso de destrucción con el cual el Judaísmo celebró sobre Roma una victoria mucho más grande que la que sobre la misma Roma había ya tenido la civilización griega. "Y éste fue el principio de nuestra dominación sobre vuestro mundo". Lo que los Protocolos formulan como definitiva finalidad para el futuro, en verdad, ya ha tenido su importante realización en el momento en el cual Israel logró imponer el Cristianismo a la más grande de las civilizaciones no-hebraicas. Desde aquel punto, las vías maestras fueron abiertas a Israel, todo lo demás no es sino episódico y accesorio. Y si la intención secreta de la enseñanza y del "apostolado" paulino puede no resultarle inmediatamente al profano, no hay según Ravage sino que ir hasta aquel escrito que constituye en un cierto modo el epílogo de todo el Nuevo Testamento, es decir el Apocalipsis. No hay duda de que en aquella Babilonia concebida como la gran prostituta que se alimenta con la sangre de los santos (Cristianos y Judíos), como aquella que oprime a "los pueblos, a las multitudes, las naciones, a las lenguas" y de la cual se preanuncia con alegría sádica la caída y la destrucción, no se ha prefigurado otra cosa que no fuera Roma. Y luego de que el autor se ha complacido en describir según una "imagen orgiástica de ruina" el derrumbe de Babilonia la grande, ¿cuál es la imagen final de la profecía? La visión del advenimiento y de la gloria de la nueva Jerusalén, es decir de la Jerusalén restaurada". "Y les ruego -advierte Ravage- que no piensen aquí en alegorías fantásticas; se trata aquí literalmente de Jerusalén, la capital de un gran reino unitario de las doce tribus de los hijos de Israel". ¡Odio *y* voluntad de potencia hebraicas y *Protocolos de los Sabios ancianos* al cien por ciento!

Así como, según *los Protocolos*, individualismo, liberalismo, comunismo habrían sido otros tantos veneros destilados nigrománticamente y difundidos por la conjura hebraica para destruir a las grandes tradiciones y a las grandes monarquías occidentales modernas y preparar la dictadura mundial de Israel, de la misma manera, según Ravage, el Cristianismo habría ya cumplido una tarea análoga y habría sido en la misma medida un instrumento en las manos de los "Sabios de Sión": un anarquismo, un bolchevismo, un igualitarismo y un humanitarismo internacionalista y pacifista bajo pretextos espirituales, lanzado en contra de Roma y, en modo más general, en contra de la civilización ario-pagana; medio y no fin, para el ideal mesiánico-imperialista del Judío, el mismo fue conservado sólo inmune e inaccesible con respecto a la "fe" otorgada a los otros.

Y cuando, luego de siglos oscuros, Roma trató de reafirmar el paganismo en lo interior de la fe que la había conquistado y disgregado, he aquí que acontece una nueva ofensiva del espíritu hebraico: Lutero "reforma" el Cristianismo romano remitiendo directamente a la tradición hebraica de la Biblia y permeando así de espíritu hebraico a las razas nórdicas. Y una causa se liga a la otra. "Tomen las tres principales revoluciones de los tiempos modernos, la francesa, la americana y la rusa. ¿Qué es lo que son, sino el triunfo de la idea hebraica de una justicia social, política y económica?" Y si nosotros no hubiésemos sido los propulsores no solamente de la rebelión luterana, sino también de todas las revoluciones democráticas y liberales del siglo pasado, ello habría querido decir "que nosotros no conocíamos nuestros propios intereses". "Nosotros en verdad hemos estado en el fondo de todas las más grandes revoluciones de vuestra historia". Al estar así las cosas - dice Ravage - no causa ningún asombro que Uds. alimenten un oscuro resentimiento en contra de nosotros, el que Uds. buscan justificar en mil modos pueriles. "Si nosotros estuviésemos en el lugar vuestro, probablemente los detestaríamos en una manera mucho menos cordial de lo que Uds. hacen". Pero Uds. ignoran la verdadera razón de vuestro odio. "Es con alivio que nosotros constatamos que el *goim* nunca conocerá el verdadero alcance de nuestra culpa". Nosotros aceptamos todas vuestras acusaciones. Pero las mismas nos hacen reír. Uds. ignoran la verdadera acción que nosotros hemos ejercido sobre vuestro destino.

Ésta es la esencia de los dos artículos de Ravage, y quizás se nos reconocerá la razón en haberlos declarado como entre los mas significativos escritos por los Judíos. Es evidente que no se trata en las grandes líneas, de ideas nuevas. Interpretaciones del Cristianismo de tal tipo se las puede volver a hallar en Nietzsche, en Rougier, en Ferrero, en Gibbon, etc., y por lo demás son en gran medida anticipadas por escritores tradicionalistas de la romanidad tardía, como Celso. Es en vez interesante que tales ideas sean retomadas y formuladas hoy por un Judío.

En el orden de los problemas al cual pertenece también el hebraico, tal como nosotros hemos muchas veces repetido, una cierta teoría no debe ser nunca juzgada sobre la base de su valor intrínseco de "verdad" o menos, sino en relación a su "intención", a la "dirección" secreta de la influencia que emana de ella. Nosotros invitamos al lector asiduo de *Vita Italiana* a asumir desde este punto de vista las ideas de Ravage como objeto de reflexión: los resultados que podrá recabar de ellas serán, no lo dudamos, particularmente instructivos.

Por cuenta nuestra, nos limitaremos a mencionar un solo punto. Existe una singular convergencia entre las posturas del judío Ravage y las premisas de un cierto antisemitismo extremista, pagano y antiromano. También para tales tendencias el Cristianismo es un fermento de descomposición que ha acelerado y conducido a término el derrumbe de las antiguas civilizaciones arias, minadas por el "caos étnico", por la promiscuidad de las razas. También por tales tendencias, la esencia de la fe cristiana es *artfremd,* es decir extraña a los instintos más profundos e innatos de la raza aria y es por lo tanto causa de toda suerte de contrastes espirituales, sociales y políticos. Se formula así el problema de purificar al Cristianismo de sus partes hebraicas, pero con ello también el otro, de juzgar hasta cuál punto un tal Cristianismo "arianizado" pueda aun seguir llamándose Cristianismo[7].

Pero lo más singular es lo siguiente: que allí donde el judío Ravage en forma más o menos directa reconoce en el Cristianismo católico y romano una especie de rectificación y de limitación de la fuerza destructiva lanzada por el Judaísmo a través del Cristianismo, y reivindica el carácter judaizante de la revuelta luterana, las tendencias aludidas alimentan casi siempre un preciso efecto "antiromano" y no dudamos del valor de "liberación" propio, según ellos, de la acción de Lutero.

¿Todo esto no da mucho para pensar y no es un alerta para permanecer bien atentos, a fin de que hoy, una vez más, no se verifique aquello que ya el Dios hebraico realizó a través de la

---

[7] En los últimos años, en especial tras el Concilio Vaticano II, el proceso de judaización de la Iglesia católica ha llegado a limites ya imposibles de rebatir salvo por parte de los ingenuos y ciegos que siempre existen. La visita del papa Wojtyla a la sinagoga de Roma y su calificación de la colectividad judía como "los hermanos mayores" representa un verdadero episodio emblemático de tal proceso. (N. de la Trad.)

simbólica "confusión de las lenguas"?

VII

GUERRA OCULTA EN LA ANTIGÜEDAD - ROMA, LOS "LIBROS SIBILINOS" Y EL JUDAÍSMO

Aquel que se dedique a considerar la historia secreta de la antigua romanidad, el análisis de los denominados *Libros Sibilinos* constituirá una tarea de una importancia que no se podría reputar para nada exagerada. Para darse cuenta de ello, por supuesto, es necesario tener adecuados principios y, en primer lugar, hay que remitirse a la idea de que la romanidad no constituyó una cosa homogénea; fuerzas opuestas entre sí se cruzaron y chocaron en su seno. Habiendo surgido enigmáticamente en el contexto de civilizaciones y de razas que se hallaban esencialmente bajo el signo del ciclo mediterráneo pelásgico pre-ario, Roma manifestará en cambio un principio opuesto. Con ella, el elemento viril, apolíneo y solar se opone, bajo múltiples formas, al promiscuo-femenino, telúrico y lunar del mundo anterior, el que finalmente había logrado arrastrar a la misma Hélade olímpica y heroica. Sólo este encuadramiento permite hacernos comprender el sentido profundo de todos los trastornos más importantes de la antigua vida y de la antigua historia romana. Lo que Roma tuvo como específicamente romano se constituyó a través de una lucha incesante del principio viril y solar del *Imperium* en contra de un oscuro sustrato de elementos étnicos, religiosos y también místicos, en donde la presencia de un fuerte componente semítico-pelásgico es irrebatible y en donde el culto telúrico-lunar de las grandes Diosas madres de la naturaleza tenía un papel importantísimo. Esta lucha tuvo diferentes etapas. El elemento pre-romano, subyugado en un primer momento, pasó sucesivamente a la revancha, bajo formas más sutiles, y en estrecha dependencia con cultos y formas de vida decididamente asiático-meridionales. Es en este conjunto que hay que estudiar la esencia y la influencia de los *Libros Sibilinos* en la Roma antigua: éstos constituyeron un importantísimo punto de referencia para una acción subterránea de corrosión y de desnaturalización de la romanidad aria, en cuya última fase, es decir, en el punto en el cual la contraofensiva se sentía cerca del fin soñado, vemos entrar significativamente en juego, casi sin máscara, no sólo el genérico elemento de descomposición asiático-semítico, sino también el propiamente y concientemente judaico.

La tradición refiere el origen de *los Libros Sibilinos* a una figura femenina y a un rey de una dinastía extranjera: se trataría de una parte de los textos ofrecidos por una vieja a Tarquino el Soberbio, es decir al último dominador de la época romana primitiva derivado de la estirpe pre-romana y pelásgica de los Etruscos. Estos libros fueron acogidos en el mismo templo de Júpiter Capitolino. Habiendo sido confiados a un especial colegio –los duunviros que luego se convirtieron en los *quindicemviri sacris faciundis* ellos se convirtieron en una especie de oráculo al cual el Senado les solicitaba los responsos. En el 83 los mismos se perdieron en el incendio que destruyó el Capitolio. Se trató entonces de reconstruirlos haciendo investigaciones en los lugares sagrados más conocidos de la religión sibilina y el nuevo texto fue objeto de sucesivas revisiones. Por supuesto que en esta nueva fase, a través del material espurio recogido, las infiltraciones tuvieron que ser sumamente fáciles. Los textos eran mantenidos en absoluto secreto. Sólo el colegio. mencionado podía verlos y consultarlos directamente. Tal como lo sabemos por el final horrible de M. Afilio, comunicar algo de los mismos a gente extraña era considerado como una fechoría que determinaba un castigo inexorable.

Si se prescinde de los que comúnmente son denominados los libros sibilinos hebraicos *(Orac. Sibyll., III, IV, V)*, no se sabe pues nada preciso respecto de su contenido: se sabe sólo acerca de los efectos que los mismos produjeron, lo cual sin embargo puede proporcionamos lo esencial. La base material, "objetiva", de un "oráculo", en efecto, es lo que menos importa: la misma, justamente no es sino la base, el apoyo: es un instrumento el cual, en circunstancias especiales; permite a ciertas "influencias" expresarse, así como, sobre otro plano, fenómenos varios son propiciados por la presencia de un *medium* y por su estado de trance. Por lo tanto, en lo relativo a los primeros libros sibilinos, no interesa saber cuáles fuesen las formulaciones y las sentencias que contenían, sino la "línea" que se delata a través de la serie de los responsos a los cuales éstos dieron lugar a través de interpretaciones muchas veces varias, de acuerdo a los diferentes casos, de idénticos textos. Es esta línea la que nos hace conocer con exactitud la verdadera naturaleza de la influencia vinculada al oráculo.

Ahora nosotros vemos que este oráculo casi siempre actuó en el sentido de alejar a Roma de sus propias tradiciones, de introducir elementos exóticos y alteradores, cultos que iban de manera subversiva al encuentro sobre todo de la plebe, es decir del elemento que en Roma se mantenía en una inconsciente articulación con las precedentes civilizaciones itálico pelásgicas, opuestas al núcleo solar y ario. Usados sobre todo en momentos de peligro, de calamidades y de incertidumbre para calmar al pueblo, los Libros Sibilinos con sus responsos habrían de indicar los medios más idóneos para asegurarse la benevolencia y el concurso de fuerzas supremas y divinas. Y bien, nunca las respuestas tuvieron como consecuencia el reforzamiento del pueblo romano en sus antiguas tradiciones y en los cultos que más caracterizaron a su patriciado sacral; las mismas siempre ordenaron introducir o adoptar divinidades exóticas, cuyas relaciones con el ciclo de la civilización prerromana y antiromana de la Madre es, en la inmensa mayoría de los casos, muy visible.

El contenido de uno de los más antiguos responsos sibilinos, el dado en el 399 en ocasión de una peste, puede considerarse como un símbolo que abarcaba el sentido de desnaturalización que habría luego de operarse en manera gradual. El oráculo quiso que Roma introdujese el lectisternio y la *supplicatio* correlativa a éste. La *supplicatio* consistía en arrodillarse o postrarse ante las divinidades, para abrazar y besar sus pies o rodillas. Puede resultar muy natural, o por lo menos un poco exagerado, este rito a aquel que se ha acostumbrado a las formas de religión que han penetrado en la antigua paganidad, sin embargo este uso era desconocido para el romano antiguo, el cual no conocía servilismos semitas ante lo divino, el cual virilmente y de pie, rezaba, invocaba y sacrificaba. Por lo tanto el mismo representa ya el índice de una profunda transformación, el pasaje de una mentalidad a la otra.

En el 258 fueron introducidos en Roma por parte de *los Libros Sibilinos* los cultos de Demetra, Dionisio y Core. Es la primera gran fase de la ofensiva espiritual: la misma conduce a las dos grandes Diosas telúricas de la naturaleza con su compañero orgiástico, símbolo de todo confuso y antiviril misticismo, en lo interior del mundo que la romanidad primordial había construido destruyendo con las armas a razas y centros de poder, los cuales ya se habían encarnado en formas afines y promiscuas de espiritualidad. En el 249 entraron a Roma, siempre por voluntad de los *Libros Sibilinos,* Dispater y Proserpina, es decir, nada menos que las divinidades telúrico-ínferas, las personificaciones más típicas de aquello que es opuesto a los ideales olímpicos y apolíneos; a las mismas les sigue en el 217 una divinidad afrodítica, la Venus Ericina y finalmente, en el 205, en el momento más crítico de las guerras púnicas, entra, por decirlo así, la Soberana de todo este ciclo, aquella que puede decirse como la personificación de la totalidad del espíritu pelásgico-asiático prerromano, Cibeles, la *Magna Mater.* Todas estas divinidades eran desconocidas por los Romanos: y si la plebe, vuelta a galvanizar en su sustrato más espurio, se entregaba a un entusiasmo muchas veces frenético por éstas, el senado y el patriciado en un primer momento no dejaron de dar muestras de repugnancia y de su conciencia respecto del peligro. De allí la extraña incongruencia propia del hecho de que, mientras Roma con grandes pompas llegó a tomar para sí el simulacro de Cibeles de Pesinunte, simultáneamente a ello prohibió a los ciudadanos romanos participar de las ceremonias y fiestas orgiásticas, presididas por sacerdotes frigios eunucos de esta diosa. Pero por supuesto, esta resistencia fue sólo muy breve. Tuvo el mismo destino que la prohibición del dionisismo y del pitagorismo. Y nuevamente en el 140 *los Libros Sibilinos* introducen aun a otra figura del ciclo femíneo telúrico, la Venus Verticordia o Afrodita Apostropha.

Ya Tito Livio notaba la transformación colectiva que procedía de todo ello (XXV, 1). Así pues, al referirse al período alrededor del año 213, escribió textualmente: "Formas religiosas, en gran parte venidas de afuera, agitaban en tal manera a la ciudadanía, que sea los hombres, como los dioses parecieron de repente haberse convertido en diferentes. Los ritos romanos ya eran abolidos no sólo en las formas secretas o en el culto doméstico, sino también en público; y en el foro capitolino había una turba de mujeres que no sacrificaban ni rezaban según la tradición patria". Es así como, por más que se extendía el poderío de Roma, las mismas fuerzas vencidas por ésta en lo exterior llegaban a desarrollar sobre un plano invisible, a través de una tal obra de corrosión y de desnaturalización, una segunda guerra, en donde recababan éxitos cada vez más visibles y clamorosos.

Se arriba así al período de los denominados *Libros Sibilinos Hebraicos*, que parecerían haber sido compilados entre el primero y el tercer siglo y buena parte del texto de los cuales nos es conocido. Al respecto Schürer[8] usa la expresión: "Propaganda

---

[8] Schürer: *Geschichte des jüdischen Volkes im Zeitalter Jesu Christi*, Leipzig,1909,

Escritos sobre el judaísmo

hebraica bajo máscara pagana (*jüdische Propaganda unter heidnischer Maske)"*; opinión ésta compartida por un estudioso judío, Alberto Pincherle[9], quien reconoce en los textos en cuestión la explosión del odio hebraico en contra de las razas itálicas y en contra de Roma. Se repite aquí, en una forma ya tangible e indiscutible, una maniobra mixtificadora que ya se aplicó a los antiguos oráculos por el hecho de que éstos, a través de las Sibilas, buscaron justificarse en función de Apolo.

Para las relaciones -para nada limpias- de la religión sibilina con el culto apolíneo, los oráculos, introducidos en Roma por el rey etrusco, se acaparaban, por decirlo así, un superior título de autoridad, exaltando la vocación apolínea de la raza de Roma: y ello fue así hasta Augusto, el cual, dentro del sentido de ser el iniciador de una nueva era apolínea y solar, ordenó una revisión de los textos sibilinos para alejar de éstos los aportes espurios. Naturalmente las cosas se hallaban en una manera diferente y el árbol se daba a conocer por sus frutos: es exactamente la serie de las divinidades más antisolares las que fueron introducidas en Roma por parte de este oráculo. El mismo justificativo fue intentado para los nuevos *Libros Sibilinos:* aquí es el puro judaísmo el que reviste sus ideas de manera de hacerlas aparecer como auténtica profecía de una antiquísima sibila pagana y para obtener para ésas, en Roma, un correspondiente crédito. Por lo cual se arriba a la paradoja increíble de que muchos ambientes romanos consideran como sabiduría de su misma tradición a las imágenes apocalípticas, las cuales eran exclusivamente expresiones del odio hebraico en contra de la ciudad de Rómulo y en contra de los pueblos itálicos.

Estos oráculos pueden en efecto concebirse como un *pendant* del Apocalipsis de Juan. Pero el Apocalipsis, en la religión cristiana, ha sido interpretado en un plano universalista, simbólico y teológico, de modo que la tesis hebraica, que

---

T. III, pgs.533 y sig.
[9] A. Pincherle, Gli Oracoli Sibilini giudaici, Roma, 1922, p. XVI.

originariamente se encontraba en el centro del mismo, ha quedado sumamente borrada. En los Oráculos sibilinos la misma ha permanecido en vez en su estado originario. La profecía pseudo-sibilina se dirige en contra de las razas de los gentiles: la misma predice la venganza que el Asia llevará en contra de Roma y el castigo que, más severo que la ley del talión, azotará a la ciudad señora del mundo. Vale la pena reproducir algún pasaje característico por este odio antiromano: "Cuantas riquezas Roma ha recibido del Asia tributaria, tres veces tantas ésta recibirá de Roma y le hará descontar la deuda por las violencias padecidas; y cuantos hombres del Asia se convertirán en siervos en la residencia de los Itálicos, veinte veces tantos miserables itálicos trabajarán por salario en el Asia y cada uno será deudor por diez veces" (III, 350). "¡O Italia, no vendrá a socorrerte ningún Marte extranjero, la sangre tan desgraciada y no fácil de destruir de tu mismo pueblo te devastará a ti, célebre y desvergonzada.

Y tú, yaciendo entre las cenizas aun cálidas, imprevisora en tu ánimo, te entregarás a la muerte. Serás madre de hombres sin bondad, generadora de bestias!" (III, 460-470). Y aquí le sigue toda una película de desgracias y catástrofes, descritas con sádica complacencia. Las referencias al judaísmo se hacen siempre mas claras hacia el final del III libro y en el comienzo del

IV. La profecía se convierte en historia en IV, 115: "También en Jerusalén sobrevendrá una malvada tempestad de guerra desde Italia y abatirá el gran templo de Dios". Pero a partir de catástrofes de todo tipo "ellos deberán reconocer la ira del Dios celeste, puesto que destruyeron al j inocente pueblo de Dios". Que la Babilonia, de la cual, en relación a ello, con tintes aterrorizadores, similares a los del Apocalipsis de Juan, se describe el derrumbe deseado, porque ésta, junto *a* Italia, hizo perecer de entre *los* judíos a muchos santos fieles y al pueblo veraz (es decir Israel); sea Roma, también a los antiguos les resultaba perfectamente claro. Lactancio, por ejemplo escribe (*Div. Inst., VII,* 15, 18): "S*ybillae tamen aperte interitum esse Romam locuntur et quidem iudicio dei quod nomen eius habuerit* *invisum et inimica iustitiae alumnum veritatis populum trucidarit"¹⁰*. En IV, 167 y sig. continúa: "¡Ay, o ciudad totalmente impura sobre tierra latina, ménade que ama a las víboras, viuda te sentarás sobre las alturas y el río Tíber te llorará a ti, tu consorte, que tienes corazón homicida y alma impura! ¿No sabes lo que puede Dios y lo que prepara para ti? Pero tú dices: Sólo yo y nadie más me destruirá. Y ahora a ti y a todos los tuyos en vez los destruirá el Dios imperecedero, y no habrá rastro de rey en aquella tierra, como antes, cuando el gran Dios inventó tus glorias. Permanece sola, o inicua; sumergida en el fuego llameante, habita tu inicua región tartárea del Hades". Ante la ciudad de Rómulo y la tierra itálica condenada se encuentra en cambio la "raza divina de los celestes y beatos judeos" (248). En el libro III (703-5) se repite: "Pero los hombres del gran Dios vivirán todos alrededor del templo alegrándose de aquellas cosas que les dará a ellos el creador, único juez soberano... y todas las ciudades exclamarán: ¡Cuánto ama a estos hombres el Inmortal!". Los pasos 779 y siguientes reproducen casi a la letra las conocidas profecías de Isaías; toma allí forma el sueño mesiánico e imperialista hebraico, que tiene por centro al Templo: los "profetas del Gran Dios" sacarán la espada, luego del ciclo de las catástrofes y destrucciones, y serán reyes justicieros para los pueblos. Estos nuevos profetas, descendientes todos de Israel, están destinados a ser "guías de vida para todo el género humano" (580).

Es singular el contraste propio del hecho de que, mientras que por un lado, tal como se ha mencionado, los autores de estos escritos intentan el justificativo pagano, es decir quieren dar a sus expresiones proféticas la autoridad que procede de la antigua tradición sibilina romana, en el libro cuarto (1-10) ellos delatan completamente sus verdaderas posturas. En este pasaje los *Libros Sibilinos* contienen en efecto una viva polémica en contra

---

[10] *"Las Sibilas dicen abiertamente que Roma será destruida y que su nombre será considerado odioso por el juicio de Dios y que, en tanto opuesto a la justicia, será aplastado su pueblo carente de verdad".*

de las sibilas paganas rivales y aquella en la boca de la cual se pone la expresión de las esperanzas de odio y de venganza del pueblo elegido dice ser profetisa no del "mentiroso Febo, del dios apolíneo que hombres tontos dijeron que era un dios y equivocadamente denominaron profeta, sino del Dios grande"; del Dios que no tolera imágenes, lo cual quiere expresamente decir Jehová, el dios del Mosaísmo.

Con ello -se diría en lenguaje hegeliano- la negación llega a negar a la negación, aunque también a poner en luz el aspecto esencial de esta "tradición". El "mentiroso Febo" que el Dios de Israel quiere suplantar es en realidad el falso Apolo, puesto que, aun si la religión sibilina tiene referencias a Apolo, no se trata aquí de la pura divinidad de la luz, del símbolo del culto solar de origen hiperbóreo (nórdico-ario), sino del Apolo con influjos dionisíacos, que se asocia al elemento femenino y que sobre todo éste toma como órgano de sus revelaciones reexumando el principio de la antigua ginecocracia demétrico-pelásgica. Lo que queda es pues la continuidad de una influencia antiromana que se precisa siempre más y que en el período entre el I y el III siglo irá a hacer causa común con el elemento semítico judaico, en relación al cual la misma asume sus formas más extremistas y, por decirlo así, revela finalmente el *terminus ad quem,* la meta final de toda esta fuente de inspiración: "¡O ciudad impura de la tierra latina, ménade que ama a las víboras, sumergida en el fuego llameante, alcanza tu inicua región tartárea del Hades!".

VIII

LA CIENCIA HEBRAICA, LA TEORÍA DE LA RELATIVIDAD Y LA "CATARSIS DEMÓNICA"

Un mito que en muchos ambientes posee aun hoy en día caracteres de tabú es el de la "ciencia neutra". Muchos creen aun que la ciencia sea el producto de un procedimiento automático y objetivo, a considerarse en sí y por sí sin hacer intervenir consideraciones extrañas al dominio técnico de los conocimientos a los cuales ella se refiere. Hablar de un valor moral, de un significado político, de un contenido simbólico de la ciencia parece pues absurdo: y mucho más absurdo luego parece el referirse en tal terreno a la raza, el dar algún peso al hecho de que los autores de ciertas teorías científicas sean de una sangre o de otra. En este campo por lo menos -se cree- podemos mantenemos *au-dessus de la melée*.

Los bastidores de las ciencias y de la política

Quien alimenta opiniones de tal tipo demuestra una cierta ingenuidad y también una escasa información. Por ejemplo, pareciera no tener ninguna sospecha respecto de los resultados de la denominada "crítica de la ciencia" a partir de Boutroux y de Poincaré, ni tampoco se puede esperar que de á ello lo informen los apóstoles de la nueva religión cientificista, quienes se cuidan mucho de introducir al profano en sus asuntos secretos: tan sólo entre ellos *in camera charitatis*, cuando se encuentran, suelen intercambiarse la sonrisa de los augurios ciceronianos. Para el profano debe en cambio quedar firme la idea de que existe la Ciencia, en singular y con mayúscula, como un conocimiento universal, objetivo y cierto.

En cambio, detrás de cada teoría científica hay una voluntad, una intención, que no es menos real en aquellos casos no raros, en los cuales la misma actúa sin que se den perfectamente cuenta de ello los que interpretan los fenómenos, provocan un determinado orden de experimentos y formulan las hipótesis. La moderna filosofía de la ciencia se ha liberado desde hace tiempo de la superstición del hecho, tan característica para el anterior siglo del positivismo. Los iniciados en los bastidores de la ciencia saben ya muy bien que el hecho en sí mismo no prueba nunca nada en forma precisa, que un mismo experimento puede tener un significado diferente de acuerdo al sistema con el cual se procede para interpretarlo, de modo tal que puede representar una prueba para hipótesis sumamente distintas. Aquello sobre lo cual todavía se ha prestado muy poca atención han sido los bastidores subconscientes y preconscientes del mismo proceso de la experimentación y de la demostración científica: así la mayoría no se ha dado suficiente cuenta del poder que tienen en la ciencia verdaderas y propias sugestiones a través de las cuales en toda una escuela, con una insistencia y metodicidad limitantes casi con la alucinación, se vuelven a considerar siempre algunos aspectos particulares de una determinada serie de fenómenos o de experiencias, obviando en modo también sistemático otros aspectos por igual reales, pero que sin embargo podrían servir para poner en duda la solidez de una determinada teoría a la que se quiere como verdadera. Y también en relación a estas sugestiones sería ingenuo y anticientífico considerarlas espontáneas y naturales. Las mismas son muchas veces difundidas en un determinado ambiente histórico por elementos que saben perfectamente lo que quieren y que conocen a las mil maravillas los medios más aptos para obtenerlo.

A partir de esta base resulta la posibilidad y la legitimidad de una consideración política efectuada también en relación a las denominadas ciencias positivas así como a una asunción de las mismas en función de su significado simbólico. El hecho de que una teoría científica "explique" un cierto grupo de fenómenos o que, a nivel de aplicaciones técnicas, permita ciertas realizaciones, no debe constituir más la suprema instancia en el juicio que se tiene sobre ella. Lo que en cambio importa es ver a qué conduce, más allá del ámbito estrictamente científico, de su aceptación y difusión. Sólo luego de haber precisado sea las premisas que, en materia de concepción del mundo, están implícitas en una determinada teoría científica, sea sus consecuencias indirectas pero inevitables en un determinado clima histórico, en una determinada civilización y en una determinada raza, se debería decidir si la teoría en cuestión es o no aceptable. Si no lo es, habría que tratar de sustituirla por otra, de un modo por igual coherente y apto para explicar los mismos fenómenos, pero que se vincula a una diferente imagen del mundo. Y ello es siempre posible, en razón de la relatividad, sea del valor demostrativo del hecho, sea de las hipótesis explicativas; relatividad que, tal como se ha dicho, ha sido ya puesta en claro por la moderna epistemología y filosofa de las ciencias. Lo importante consistirá entonces sobre todo en saber distinguir las antes mencionadas sugestiones, de modo tal de paralizar su poder y restituir a la mirada su originaria libertad de ver y de moverse. Establecerse sobre el mismo plano de una teoría sospechosa de discutirse y alucinarse por una cierta serie de experimentos que son creídos decisivos por ella, significa casi siempre terminar padeciendo las mismas sugestiones, de las cuales la teoría en cuestión recaba su apariencia de verdad. Sería en vez necesario despegarse y, por decirlo así, tomar al adversario por las espaldas, llegando al mismo punto recorriendo un camino diferente.

Darse cuenta de todo esto en relación a las ciencias denominadas positivas y actuar en manera conforme a ello es hoy en día una tarea sumamente más imprescindible que en cualquier otra civilización. En efecto, en las anteriores civilizaciones, la ciencia, tal como es hoy concebida, tuvo siempre una importancia sumamente limitada y subordinada; la misma era pues incapaz de ejercer una influencia sensible sobre el modo de ver y de sentir de cualquier mente normal. De manera muy distinta se encuentran las cosas en el caso de la civilización moderna, en la cual la concepción del mundo del hombre común está en gran medida determinada justamente por la ciencia y en la cual, a pesar de todo, no se han aun apagado los ecos de la consigna lanzada ya desde hace más de un siglo por las logias masónicas e iluministas: aquella según la cual con la ciencia positiva se habría afirmado una nueva civilización, superior a cualquier otra, verdadero testimonio del progreso humano.

Al estar planteadas las cosas de esta manera, hay que contrastar enérgicamente con todo intento por sustraer a la ciencia de la lucha espiritual de nuestros días. El impulso espiritualmente revolucionario de la nueva generación debe formular la exigencia de una revisión precisa respecto del significado acordado a las teorías científicas y así también respecto del alcance de los métodos y de las ideas a las cuales la misma siempre se refiere. Al contener cada teoría científica implícita o explícitamente los elementos de una revisión del mundo, por esta vía es necesario distinguir, más allá de la armadura técnica y de la fachada "objetiva", la mayor o menor conformidad de las correspondientes concepciones científicas con lo que puede tener un valor positivo para una determinada vocación espiritual y para una determinada raza. Y si arianidad y judaísmo son dos entre los más importantes puntos de referencia en la lucha actual, formular el problema de la arianidad o de la judaicidad de una teoría científica no debe parecer algo absurdo o una cosa de fanáticos y también el síntoma, contenido en el hecho de que los principales exponentes de una determinada corriente científica sean de una determinada sangre, debe ser tenido en su debida cuenta.

La ciencia hebraica

Es indudable que en nuestros días existe una ciencia y, más precisamente, una física hebraica, que es la que se remite a la denominada teoría de la relatividad. Tal como es sabido, el creador de esta teoría es el judío intransigente Alberto Einstein, el cual, para formularla, se ha servido esencialmente de la teoría del espacio creada por el también judío Minkowsky, mientras que algunas reformas del cálculo infinitesimal necesarias para la misma las ha a su vez ejecutado el judío italiano Levi-Civita. La teoría einsteniana ha sido luego ulteriormente desarrollada por el judío Weyll y, naturalmente, ha tenido toda una *clique* de judíos como sus vulgarizadores, por ejemplo en Italia, Enriques y en Alemania, Born. Tal origen estrechamente hebraico de la teoría de la relatividad no ha puesto en sospecha a ninguno de aquellos científicos arios que no han hallado dificultad alguna en acogerla. Un físico de fama como W. Heisenberg ha por ejemplo reconocido sin más en ésta "al natural presupuesto de toda ulterior investigación" y en el congreso de física que se sostuvo en Würzburg en 1933, frente a los ataques movidos en contra de la teoría de la relatividad el físico de familia aria y aristocrática alemán, Max von Laue, repitió el dicho galileano: *Eppur si muove.* El mismo Heisenberg, junto al judío Born, a Jordan y a Dirac, son luego los principales exponentes de la denominada nueva teoría atómica o teoría de los "quanta", la cual, si bien no sea una creación exclusivamente hebraica, justamente ha sido considerada como emparentada estrechamente y en su espíritu con la teoría einsteniana, de la cual representa en cierta manera la integración[11]. Se constata así una vez más la rapidez con la cual un germen lanzado por el judaísmo puede difundirse y fructificar en terreno ario hasta producir una especie de asimilación al revés, allí en donde no se esté a la defensiva y, por decirlo así, no se rechace dejarse tomar en el vórtice invisible de una sugestión que, aquí, es exactamente de las ya consideradas al hablar de los

---

[11] Véase W. Mueller, *Jüdischer Geist in der Physik* en la "Zeitschrift für die gesamten . Naturwissenschaten", agosto 1939.

bastidores preconcientes y subconscientes del proceso científico.

Se preguntará uno, a pesar de ello, qué es lo que hay que cuestionar a la teoría de la relatividad además del hecho de que ésta ha sido obra de científicos de sangre judía; y se preguntará también si nosotros somos de aquellos diletantes para los cuales el término "relatividad" sirve como un pretexto y que creen que la teoría einsteiniana signifique la destrucción de toda certeza científica, una especie de "es así como a Uds. les gusta" del estilo de Pirandello. Por cierto no se trata precisamente de esto, y, digámoslo enseguida, que tampoco somos de aquellos que en contra del arte degenerado y judaizado de ciertas corrientes modernas no saben hacer otra cosa que oponerle sino tediosos modelos del Ochocientos. Del mismo modo no somos ni siquiera de aquellos que en contra de la teoría de la relatividad sostienen con firmeza ciertas concepciones de una física denominada incorrectamente "tradicional", las cuales, en el fondo, si bien en dosis menor y por decirlo así en forma más diluida, contienen también el mismo mal. El carácter destructivo de la teoría de la relatividad no se refiere a aquello que, en términos técnicos, se denomina un sistema de certeza formal, sino al carácter mismo de un proceso y de un método que, sin exageración, puede definirse como catarsis demónica. Y nos explicaremos con lo que sigue, esforzándonos en convertir nuestro discurso en accesible para todos.

Sentido de la teoría de la relatividad

Se sabe aproximadamente de dónde tomó su inspiración la teoría einsteniana: del denominado experimento Michelson-Morley, que habría dado como resultado la constancia de la velocidad de propagación de la luz en el éter. Ello constituye físicamente una paradoja, puesto que equivale a decir que el hecho de que la vertiente luminosa o bien el observador se muevan o no, y que se mueva en una determinada velocidad o en otra, a los efectos de las observaciones no tiene peso alguno.

El resultado de este experimento ha sido asumido en modo dogmático, mientras que habría sido sumamente más juicioso repetirlo con medios más refinados de investigación y sobre todo completarlo con una serie de experimentos de todo tipo antes de construir sobre el mismo una doctrina destinada a invertir toda concepción normal y a dar al concepto de certeza científica el carácter vacío y "formal" del que hablaremos. Toda normal medida se basa notoriamente en la concepción del espacio euclídeo y en el carácter absoluto sea de éste como del tiempo. Sin ello, la estabilidad de toda medida y el cálculo de la duración de un acontecimiento se convertirían en inconcebibles. Ahora bien, constatar la denominada "constante cósmica", es decir la mencionada constancia de la velocidad de propagación de la luz, significa que aquello que en la base del sistema normal de medida habría debido variar y asumir magnitudes relativas según los diferentes casos (es decir de acuerdo a la velocidad de la vertiente luminosa y del observador) no cambia. Pero si una cosa no varía y no es relativa, a fin de que el tema se resuelva, hay que suponer que es la otra la que varia y es relativa - he aquí pues el hallazgo y la esencia de toda la teoría einsteniana. La "constante mundial" que se reduce simplemente a una fórmula algebraica, permanece en manera firme y absoluta: relativa y mutable será en vez la medida; pero la medida presupone el espacio y el tiempo; deberán pues relativizarse el espacio y el tiempo, y con ello toda unidad de medida y toda duración de los acontecimientos. El todo es reducido a una cantidad homogénea (el denominado continuo pluridimensional o continuo espacio-tiempo) en función de la "constante cósmica", y asumirá varios valores según los diferentes casos. Con perfecta coherencia la teoría einsteniana ha construido sobre tal base un sistema de "física" que pretende dar cuenta de cualquier mutación y de cualquier variación, que es absolutamente independiente de toda relatividad de los puntos de referencia y de todo lo que se refiere a la observación ligada a los sentidos y a la percepción normal del espacio, del tiempo y de la velocidad. Es pues un sistema de certeza absoluta, aun por la cualidad plástica que le confiere su naturaleza exclusivamente algébraico-matemática. En efecto, para dar cuenta de una determinada "relatividad" y para prevenir toda posible desmentida por parte de un experimento, una vez que se ha arribado al sistema einsteniano de las denominadas "ecuaciones de transformación", basta con el agregado de un cierto número de "parámetros" en las fórmulas destinadas a "explicar" los fenómenos. Por ejemplo, que la tierra se mueva alrededor del sol, o bien que, como creían generalmente los antiguos, sea el sol el que se mueva a su alrededor, desde el punto de vista del sistema einsteniano basado en la "constante mundial" es más o menos lo mismo: un caso no es más "verdadero" que otro; un caso lleva, a diferencia del otro, a la introducción de algunos elementos adicionales en las mismas fórmulas y por ende una cierta mayor complicación de cálculo. Pero para una persona a la cual le resulte lo mismo un sistema de ecuaciones más complicado, la elección, aun sin esperar un particular experimento, es libre: esta persona puede proceder en los cálculos de los diferentes eventos y de los diferentes fenómenos, sea partiendo de la premisa de la tierra que gira alrededor del sol, como de la premisa opuesta.

Este ejemplo puede quizás servir para dar un sentido de la "cualidad" de las "verdades" a las cuales nos conduce la teoría einsteniana y, con la misma, toda otra teoría del mismo origen. La objeción en contra de quien piense en un relativismo vulgar es justa. La teoría einsteniana está dispuesta a admitir las relatividades más inverosímiles, pero para hacer en modo tal de que todo sea absolutamente la misma cosa; ella se cree capaz de proveer certezas que compensen tales relatividades y que por ende sean absolutas. ¿Pero de qué tipo son tales certezas y con qué precio las mismas son pagadas? Este es el punto fundamental, en el cual, tal como es evidente, intervienen y deben intervenir criterios más altos de los puramente técnicos y científicos.

Hemos ya hecho mención a que la famosa "función cósmica" es un ente puramente matemático, por el cual, incluso hablando respecto de la misma de "velocidad de propagación de la luz", no hay que imaginar más ni una velocidad, ni una luz, ni la propagación, sino que se tienen que tener únicamente delante de los ojos números y signos. Ahora bien, todo lo que en la teoría de la relatividad procede de tal punto de partida participa de su naturaleza. La física es totalmente algebraizada. Con la introducción del "continuo pluridimensional" es matematizada sin excepción también aquella última base sensible e intuitiva de la física moderna, que eran las categorías geométrico-espaciales. Espacio y tiempo, tal como se ha dicho, hacen aquí una misma cosa, un "continuo" que, nuevamente, se encuentra expresado sólo por valores de funciones algebraicas. Con la noción común, sensible e intuitiva de los mismos, desaparece también la de "fuerza": por ejemplo, en términos de física einsteniana, el hecho del movimiento de un planeta alrededor del sol significa meramente que en el correspondiente campo del continuo espacio-tiempo hay una cierta "curvatura", término que -se preste atención- no debe por sí mismo llevamos a imaginar nada, tratándose nuevamente de valores algebraicos. La noción de movimiento determinado por una fuerza es pues disminuida a la de un puro abstracto movimiento que sigue la "línea geodésica más breve", línea que, en el ambiente en el cual nos hallamos, sería aproximadamente la del arco de una elipsis. Puesto que en este esquema algebraico no queda más nada de la idea de fuerza, menos aun puede haber una base cualquiera para la idea de causa. Todo esto es consumido por el fuego de la abstracción matemática aliada a un absoluto fenomenismo, a una consideración solamente registrativa de los hechos como puros y vacíos fenómenos.

Con la denominada teoría de los *quanta* se tiene luego nada menos que la impresión de penetrar en un mundo cabalista. Así como las resultantes paradojales del experimento Michelson-Morley, dogmáticamente asumidas como unívocas y definitivas, han conducido a la revolución einsteniana, del mismo modo la análoga paradoja de la "discontinuidad" y de la "improbabilidad", constatada en la física atómica una vez que el proceso de las radiaciones atómicas ha sido remitido a puras cantidades numéricas (se trata de la constatación del hecho de que estas cantidades no se presentan en serie continua y necesaria; como si por ejemplo se dijese que del número tres no se pasa lógicamente al número cuatro, sino que se puede pasar, en la serie, a un número diferente, siguiendo la ley no de las probabilidades, sino de las improbabilidades), esta nueva paradoja ha conducido a una ulterior exasperación de la algebraización de la física, dado que se termina usando las nociones puramente algebraicas de la denominada mecánica de las matrices, usada para arribar a la resolución de aquel fenómeno, también para una nueva y totalmente abstracta formulación de leyes fundamentales aun intuitivas de la física anterior, como eran las de la constancia de la energía, de la acción y reacción, etc. Entes puramente matemáticos que por un lado brotan como por magia, en una plena irracionalidad, pero por el otro se encuentran ordenados en un sistema puramente formal y abstracto de "producción" algebraica, llegan pues a agotar, según esta doctrina, considerada como una integración de la einsteniana, todo lo que puede ser "positivamente" conocible en lo relativo al substrato más escondido de la realidad, es decir en lo relativo al mundo de los átomos y de los electrones.

La ascesis de la física hebraica

Sobre tal base hemos hablado de una catarsis en lo relativo a estas concepciones científicas judaicas o judaizantes. Catarsis es la designación griega de un proceso de purificación ascética, de liberación respecto del elemento sensible, a ser comprendida a nivel moral, pero sobre todo en relación con las percepciones que nos vienen del mundo externo. Y bien, es justamente aquello que acontece en la física algebraizada. En la misma el conocimiento es gradualmente liberado de toda referencia al mundo sensible e incluso a cualquier forma que se pueda representar con la imaginación. Tal como se ha visto, caen uno a uno los conceptos comunes de espacio, de tiempo, de movimiento, de fuerza, de causalidad; todo lo que puede venir de las relaciones directas de quien observa con la cosa observada es considerado como irreal e irrelevante; se pasa incluso más allá de aquella especie de última revuelta de la realidad, constituida por la irracionalidad de los "quanta" atómicos. Es como una catarsis, que destruye todo residuo de sensibilidad y que conduce ¿hacia adonde? ¿Quizás sobre el plano de una realidad espiritual y trascendente como en las antiguas escuela místico ascéticas, de las cuales hemos tomado justamente la palabra "catarsis"?

No, ella se dirige hacia la esfera formal del puro pensamiento matemático, del mundo del número como indiferencia ante el mundo de la cualidad, de las formas y de las fuerzas vivientes: en modo espectral y cabalista, se trata aquí de la extrema exasperación de la facultad puramente racionalista e intelectualista.

También el profano podrá entonces darse cuenta de por qué a esta "catarsis" de la ciencia hebraica la⁻ hemos denominado "demónica": se trata evidentemente de una falsificación de aquel proceso de elevación del espíritu a partir de la experiencia sensible que en el mundo tradicional tenía por fin no la destrucción, sino la integración de las evidencias del mundo natural, la potenciación del conocimiento normal de los fenómenos a través del sentido de un aspecto también simbólico de los mismos, sentido que deriva justamente de aquella elevación hasta una realidad suprasensible, así como también suprarracional. En lugar de esto la ciencia hebraica posee el absoluto formalismo de la física matemática, la magia algebraica del puro número que se pone como el único criterio de lo que se puede tener como incondicionadamente cierto, sustraído a la relatividad de los movimientos, de los puntos de vista, de los sentidos, en suma, de la contingencia de los fenómenos y del devenir. Que prescindiendo del hecho "ciencia", aquí se tenga una manifestación del instinto de destrucción tan típico para el judaísmo moderno, ello puede resultar claro a quien tenga aun algún sentido de los valores espirituales tradicionales y del antiguo ideal ario de conocimiento. Por supuesto que no queremos decir que justamente con este fin deliberado y diabólico Einstein y los otros judíos se hayan sentado a la mesa para crear sus teorías: nosotros hemos hablado justamente de un instinto, el cual, como tal, tiene menos que ver con la conciencia directa de los sujetos que con su raza, con su sangre y se podría incluso apostar que el mismo Einstein no tenga la menor sospecha de los significados *y* de los ideales espirituales, de los cuales su teoría *y* sus métodos representan la definitiva negación y contradicción. Aunque sería también legítimo preguntarse si en vez sus colegas "arios", y sobre todo los que los han luego seguido festivamente, sepan mucho más que él acerca de tales significados e ideales espirituales.

Pero también dejando el plano espiritual, tan sólo sobre el cual se puede reconocer en las ya mencionadas teorías una falsificación demónica del impulso a elevarse desde el mundo sensible, sobre el plano profano se puede decir que con éstas se tiene una visible degradación del concepto de conocimiento y de certeza propia de la ciencia de la naturaleza. En lo relativo a aquel conjunto de fórmulas algebraicas y de esquemas de la abstracción más enrarecidas que constituyen la nueva física, no se puede seriamente hablar de "conocimiento" y de "certeza". Todo lo que es cualidad y especificidad de los fenómenos naturales, todo lo que en éstos es contenido y no forma y símbolo matemático, no es para nada alcanzado.

No se trata más de las cosas y de los fenómenos, sino casi de sus sombras remitidas a un único denominador común gris e indiferente. Desde este punto de vista existe un innegable parentesco y solidaridad entre la ciencia hebraica y las diferentes ideologías modernas, en las cuales la contribución hebraica ha sido por igual notable. Se trata aquí en efecto de un modo diferente de aparecer de la misma tendencia niveladora y anticualitativa, que sobre otros planos se ha manifestado ahora como racionalismo universalista, ahora como materialismo histórico marxista, ahora como democratismo cosmopolita: en el marxismo, por ejemplo, y aun más en los desarrollos que respecto de ello ha dado la "filosofía" soviética, de igual manera se profesa un soberano desprecio por el mundo de los valores morales, espirituales y humanos, considerados como irrelevantes y secundarios con respecto a las leyes indiferentes y niveladoras de la mera economía. Y otros ejemplos podrían ser fácilmente aducidos.

También desde otro punto de vista el hecho de que los principales exponentes de la nueva física sean judíos, no puede ser considerado como casual. Por cierto, se debe conceder que la matematización de la física no ha comenzado con los judíos: pero el conducirla sin embargo hasta los extremos de casi el absurdo sólo los judíos podían hacerlo, por cualidad de raza. En un ensayo reciente que, por supuesto si tuvo algún eco, fue en el exterior, J. Evola ha puesto en claro las relaciones que ya desde tiempos antiquísimos han existido entre el judaísmo y la inclinación a una especulación matemática abstracta y sin vida; y él ha también resaltado que esta relación a su vez remite a una oposición entre concepciones generales del mundo que recaban su origen de aquella negación del mundo como *cosmos*, como unidad orgánica y viviente, que caracterizó al semita en contra del ario[12]. Por lo demás, se puede notar que el álgebra y la aritmética en sentido propio vinieron al Occidente por parte de Semitas, por parte de Árabes; los números que convierten en posibles a las operaciones algebraicas son justamente los denominados árabes; que por ejemplo los Romanos no los conocían, puesto que éstos tenían otros métodos de cálculo, ya que evidentemente con los números romanos era imposible cumplir las operaciones aritméticas más elementales en el modo hoy conocido por todos. Pero aun prescindiendo de esto, con Evola se puede reconocer que los Semitas y los Judíos tuvieron siempre una característica inclinación hacia la especulación matemática abstracta que ellos aplicaron incluso al mundo divino, tal como la Cábala nos lo demuestra y, en una cierta

---

[12] Se refiere aquí al artículo *Los judíos y la matemática*, publicado en este tomo.

medida, el mismo espinosismo. No debe pues asombrarnos el hecho de que hayan sido esencialmente judíos quienes condujeron la ciencia hasta el fondo en la dirección ya mencionada y en desarrollar todos los instrumentos y las ideas que para tal fin eran necesarios. Sólo éstos podían constituir la escuadra de trabajo más apta para la última fase de la obra de demolición, a la cual por lo demás ellos deben haberse sentido impulsados también por una vocación subconsciente de destrucción.

Un ciclo se cierra

¿Pero a los judíos se les deben también las formas de ciencia natural y física, de las cuales la teoría de la relatividad y otras semejantes constituyen la exasperación y casi la reducción al absurdo? Sería en verdad osado afirmarlo. Ahora bien, en las premisas generales del método asumidas por la ciencia denominada positiva cuando ésta, en el período del Humanismo y del Renacimiento, escarneció y negó el precedente ideal tradicional y orgánico de conocimiento, ya se encuentran en potencia las extremas consecuencias. El conocimiento que desde aquel tiempo se convino en denominar científico no supo más nada del mundo tal como la antigua humanidad aria lo consideraba, es decir como un todo en el cual el aspecto sensible y el suprasensible, el aspecto cuantitativo y el cualitativo, los fenómenos y las fuerzas de los fenómenos se hallan en una unidad inseparable, la que hay que tener siempre presente en toda forma verdadera de conocimiento: el nuevo método por principio consideró en vez a la naturaleza como a una cosa muerta, como una mera exterioridad en la cual sólo aquello que es susceptible de medida puede ser objeto de conocimiento cierto. La consigna se halla ya en Giordano Bruno: "Medir todo lo que se puede medir y pesar todo lo que se puede pesar. Y lo que no es medible y pesable, convertirlo en medible". Todo lo demás se puede decir que ha sido sólo un gradual desarrollo de tal premisa, desarrollo que la aplicación sistemática del instrumento algebraico ha siempre más acelerado: el extremo constituido por la teoría de la relatividad y por teorías análogas refleja exactamente, en suprema "pureza", justamente los temas de las premisas: tenemos al numero considerado como absoluto y, en contraposición a ello, al mundo como un puro conjunto de fenómenos irrelevantes, relativos y sin alma.

Es por esto que las reacciones por la mitad tienen muy poco sentido y que, tal como decíamos, no puede afirmarse que nosotros, por el hecho de atacar a la ciencia hebraica, nos nucleamos del lado de aquellos que querrían hacerle frente reexumando algunas ideas de la física de ayer, denominada falsamente "tradicional", puesto que, en realidad, todo el tronco de los conocimientos denominados positivos, al partir de las premisas indicadas más arriba, deben denominarse como antitradicionales, sea en su espíritu como en su método. Habría que hallar vías nuevas y realmente revolucionarias; ¿es ello posible?

Mientras tanto ya lo que decíamos al comienzo acerca de la incapacidad de todo hecho o experimento de dar una respuesta precisa, puesto que siempre son visibles múltiples interpretaciones, basta para liquidar el *"Eppur si muove"* pronunciado en lo relativo a la teoría de la relatividad, con referencia a su poder de dar cuenta con ciertas resultantes experimentales. Se puede contestar la afirmación de que la ciencia hebraica sea "demostrada por los hechos", en el sentido de que sólo a ésta haya que recurrirse para explicarlos.

Y en el caso de que este artículo, que sin embargo sale en una revista política, caiga en las manos de una persona competente, se puede advertir que en la polémica en contra de la ciencia hebraica han sido precisados ya, a nivel totalmente técnico, los elementos aptos para justificar una tal aserción. En primer lugar, en lo relativo al punto de partida, es decir, al experimento Michelson- Morley, en segundo lugar acerca del desplazamiento del perihelio del planeta Mercurio, luego en lo relativo a la deflexión de los rayos de las estrellas fijas por efecto del sol, acerca de las líneas espectrales en relación al sol y a las estrellas, y en fin acerca de la dependencia de la masa de un cuerpo respecto de su velocidad cual se verifica en los rayos catódicos y en ciertos otros fenómenos estrectoscópicos, en todos estos puntos que son fundamentalmente los que se quiere que "demuestren experimentalmente" la teoría einsteniana, , ha sido demostrado que, en vez, esta teoría no se impone para nada, y que otras interpretaciones son por igual posibles[13]. En realidad, repitámoslo una vez más, se trata de despegarse de una sugestión, de volver a adquirir, para el espíritu, la libertad de interno movimiento y luego, sobre todo, de compenetrarse en el espíritu, que se quiere ver como reflejo de las mismas teorías científicas.

Hemos ya mencionado que la ciencia hebraica representa casi *la reductio ad absurdum* de un desarrollo, del cual sin embargo no se puede hacer responsable tan sólo al judaísmo, puesto que aquí entran en escena las premisas y los criterios metodológicos generales que fueron propios ya en los inicios de las ciencias positivas modernas. Ahora bien, sería precisamente insensato querer lanzar al mar lo que se ha realizado por tal camino a través de siglos enteros, llamar a las ciencias modernas con su verdadero nombre de ciencias profanas, negarlas y querer volver para atrás. Por ahora, bastaría darse cuenta del concatenamiento de las causas y de los efectos y sobre todo del hecho de que en una determinada actitud espiritual se encuentra el punto de partida y la fuerza motriz del desarrollo que ha conducido fatalmente hasta una concepción imposible del saber científico y del mundo. Ahora, cuando algunas concepciones tradicionales no sean más consideradas como utopías, sino que sean comprendidas en su profundo contenido de verdad y en su superior derecho moral a la existencia, se tiene por consecuencia una mutación de actitud interna; en razón de está mutación, las

---

[13] Ver por ejemplo B. Thuering, *Physik und Astronomie in judischen Händen,* en "Zeitschrift fur die gesamten Naturwissenschafieri', n. 2-3 de 1937.

miradas a su vez orientarán diversamente y por grados se actuará un desarrollo que finalmente embestirá a las mismas raíces subconscientes de la actividad científica y experimentadora. Es a través de este desarrollo desde lo interno que pueden venir las "inspiraciones" más aptas para que las concepciones en mayor o menor medida judaizadas de la última ciencia moderna sean ventajosamente sustituidas por otras que poseen un no menor poder explicativo, pero que son ricas en muy diferentes consecuencias sobre el plano de la concepción general del mundo.

Así, más que insistir en el aspecto puramente polémico, crítico y negativo, habría que tratar de despertar la comprensión por los principios y los ideales que fueron propios de aquel tipo de ciencias de las antiguas civilizaciones arias, las que nosotros solemos llamar "tradicionales"; ello debe hacerse dejando naturalmente a un lado las formas condicionadas por el tiempo, deteniéndonos únicamente en su espíritu. Por razones varias, que aquí no se pueden exponer, sería absurdo querer buscar en los tiempos antiguos un modelo completo de lo que hoy nos resulta, necesario. Aquello que sin embargo se puede hallar, y que ninguna epistemología o filosofa moderna de la ciencia podrá en vez ofrecer, son directivas de método, es el sentido de las justas relaciones jerárquicas de las diferentes formas de conocimiento, es la exigencia de un saber orgánico en el más alto grado, es decir, de un saber que no se pierda en el laberinto de conocimientos particulares y que no se contente con esquemas abstractos y de números, sino que mantenga siempre una relación esencial con el mundo de las cualidades, de las fuerzas vivientes y de los mismos significados metafísicos. Aun en el medioevo occidental, es a este ideal que se informaba esencialmente la denominada y tan desacreditada *philosophia naturalis*.

Por lo tanto nunca se podría poner suficientemente de relieve la necesidad de instituir una enseñanza de *historia de las ciencias tradicionales a* impartirse según métodos plenamente nuevos y revolucionarios, con plena eliminación de los prejuicios propios de la mentalidad profana, racionalista y moderna. A científicos cuyo espíritu se encuentra formado por toda una carrera, no se les puede solicitar lo imposible. Pero la nueva generación, si se actúa con método y con inteligencia, puede ser bien formada y orientada según nuevas direcciones espirituales y llevada a compenetrarse seriamente del espíritu tradicional ario también por lo que se refiere a los dominios del conocimiento denominado positivo. Habiéndose creado un comienzo en tal sentido, para su desarrollo será sólo cuestión de tiempo, y nos podremos esperar la gradual superación de teorías, como las aquí indicadas, a través de un sistema de ciencia que pueda decirse verdaderamente nuestra para reflejar el respiro cósmico de la luminosidad espiritualista aria. En un tal punto la revolución habrá vencido también en aquellos dominios en los cuales la máscara de la "objetividad" constituye la mas fuerte defensa de nuestro adversario.

IX

LOS JUDÍOS Y LA MATEMÁTICA

Es un hecho sumamente singular y muchas veces resaltado el del gran porcentaje de personas de origen judío entre los modernos cultivadores de las ciencias matemáticas. Habitualmente, no se sabe qué pensar al respecto. La polémica antisemita parece encontrar aquí un obstáculo preciso. La matemática goza en efecto de la fama de ser la ciencia objetiva y abstracta por excelencia. ¿Qué significado puede pues tener el hablar de raza en este terreno? ¿Y cómo advertir sensatamente aquí un aspecto subversivo del judaísmo? Parece una ardua empresa en la medida en que nos queramos mantener en un terreno de justicia e imparcialidad.

Por supuesto que en el problema que se formula aquí no tienen mucho que ver las posiciones accesorias asumidas por los matemáticos judíos, es decir, lo que éstos pueden hacer, en el hecho de no ser solamente matemáticos, en el campo de la política o en el de la cultura. Los sentimientos antifascistas y violentamente sionistas y antiasimilacionistas del matemático Alberto Einstein son, al respecto, harto conocidos: pero hay que reconocer que tales sentimientos de Einstein no son consecuencia de sus teorías, es decir, de aquel aspecto a través del cual Einstein ha adquirido un renombre mundial. No estará mal en esta ocasión prevenir el equívoco propio del término "relativismo". Personas que no tienen una precisa competencia al respecto creen poder recabar de esto un incentivo para una polémica antisemita. Por cierto la teoría einsteniana ha ejercido en forma involuntaria un influjo deletéreo en razón de la designación: "teoría de la relatividad A través de tal vía, el profano ha creído que la misma ciencia termina confirmando el relativismo, la negación de cualquier punto firme de referencia, el caos de los valores y de las concepciones, en suma, aquel estado de ánimo moderno al cual la obra de los judíos en otros dominios ha contribuido tanto. Y sin embargo ello no es así: la teoría einsteniana no considera a la relatividad más generalizada en el mundo de los fenómenos físicos sino para poner un reparo ante ello; con las denominadas "fórmulas de transformación" la misma ofrece el modo de arribar a ciertas "invariables", es decir, a una determinación de tales fenómenos completamente independiente de la relatividad de los puntos de referencia.

Esto le resulta a Einstein en la medida que él destruye toda referencia sensible, en cuanto él construye una física absolutamente abstracta, matemático-algebraica, en donde no quedan más que números, ecuaciones, integrales y diferenciales, en suma, entes de la más enrarecida estratosfera cerebral y en donde no hay más ningún punto de apoyo para una representación sensible, para imágenes, para algo que refleje el mundo en el cual vivimos. Se trata así de una supermatematización de la física.

Esto es lo *specificum* de Einstein: pero es también lo *specificum* de toda la corriente moderna de los matemáticos judíos; y aquí se tiene el punto en el cual se puede abordar el tema recién mencionado y comprender qué significa esta inclinación hebraica hacia la matemática abstracta.

Tal como en tantos otros casos, hay que remitirse a los orígenes. Si no partimos de la persuasión de que el mundo actual es no sólo el de la confusión de los valores, sino también el de un hibridismo espiritual que deja bien escasas posibilidades para quien busque ciertos valores y significados en estado puro, siempre será difícil hallar el camino para ver claro en los mayores problemas de nuestro tiempo. La inclinación de los judíos por la matemática procede -aun en lo relativo a una precisa secularización- de algunos rasgos esenciales de la concepción judaica de la existencia que éstos tuvieran desde los tiempos antiguos: pero esta concepción, a su vez, no puede comprendérsela bien si al mismo tiempo no tenemos el sentido de la que le es naturalmente opuesta, es decir, el sentido de la antigua concepción aria de la existencia.

Esta última tenía dos bases fundamentales: la idea de *cosmos* y la idea de *solaridad*. En el antiguo término ario-helénico de *cosmos* (al cual se remite la expresión indo-aria de *rta*) se expresa una concepción orgánica del mundo y de la vida, la vida como orden, como ley natural y al mismo tiempo sobrenatural; no se trata, por supuesto, de "panteísmo", sino de la intuición de nexos profundos y de correspondencias tales de dar a cada cosa y a cada forma de vida un significado superior, un significado de símbolo y a veces incluso de rito. El ario antiguo no-conocía dualismos lacerantes. Por esto su más alto ideal fue el "olímpico", es decir, el de una sobrenaturalidad -se nos perdone el juego de palabras- casi natural, expresión suprema de la síntesis y de la correspondencia. entre los dos mundos. De lo cual procede naturalmente el segundo rasgo característico, el de la "solaridad". El hombre ario se sentía unido a la fuerza primordial de las cosas: él vivía simultáneamente dos vidas o, para decirlo mejor, la vida y la supravida, sea el mundo como el "supramundo" -la *uperkosmia* sin que ello fuera motivo para contrastes y tragedias: justamente porque en él los contactos no eran interrumpidos; puesto que el espíritu en él era potencia y lo divino no un más allá a ser alcanzado a través de una evasión, sino el centro mismo de su vida más profunda: de allí aquel carácter de ser principio en sí mismo y de naturaleza "radiante" y "central", en lo cual consiste justamente -de acuerdo a la analogía presentada por la naturaleza- la "solaridad".

Si nosotros pasamos a la concepción del mundo propia de los pueblos semitas antiguos y luego en forma particular a la de los judíos, vemos que la misma tiene en vez como característica la destrucción de la síntesis aria entre el mundo y el supramundo, entre la vida y lo que es superior a ella. En el primer plano se encuentra un dualismo que a veces asume rasgos incluso brutales y destruye completamente toda calma interior, todo equilibrio, toda claridad de visión. El cuerpo se convierte aquí en la "carne", raíz de "pecado", inconciliable con el "espíritu".

El mundo ya no es más orden, *cosmos*, es algo desconsagrado: la realidad es pura materialidad, y la espiritualidad, en correlación con ello, se convierte en algo irreal, trascendente en el mal sentido. El hombre se convierte en la "criatura" y, al habérsele convertido el espíritu en una cosa extraña, aparece como algo pasivo, como una naturaleza "lunar" porque como la luna, allí donde ésta tiene luz, la recibe de un principio que se encuentra afuera de ella. Es así como el alma hebraica oscilará permanentemente entre la maldición de un craso materialismo *y* de una ruda sensualidad *y* el anhelo hacia la "redención" y la inalcanzable "santidad". Pero ya las formas no hebraicas, pero en modo más genérico semitas del antiguo mundo mediterráneo, nos muestran análogas disociaciones destructivas. Se puede hacer mención a Asiria y a Caldea y es justamente la segunda la que nos puede dar la clave para arribar al problema del cual queremos aquí ocuparnos propiamente.

En el ciclo asirio, en tanto la mitología correspondiente lo refleja, tenemos por un lado a razas y a dioses viriles de tipo violento, brutalmente sensual, cruel y belicoso, por la otra una espiritualidad que culmina en representaciones femeninas, a las cuales los primeros terminan subordinándoseles y que pertenecen a la familia de las Mujeres regias afrodíticas, de las grandes Diosas de la naturaleza. Vanamente se buscaría aquí el ideal ario olímpico celestial, el de una virilidad solar y sobrenatural. Y en estrecha relación con esto, he aquí que el tipo más alto de las civilizaciones típicamente semíticas no es más, como en las arias, el hombre regio, sino el hombre sacerdotal.

Esta caída de nivel, consecuencia del dualismo antiario, se refleja en el espíritu característico de la antigua civilización caldea y en la misma se da lugar a un tipo especial de ciencia, que es el preciso antecedente de aquella de la cual habremos de hablar. Se trata de una ciencia sacerdotal y, al mismo tiempo, matemático-lunar. Es una ciencia de los astros que, a diferencia por ejemplo de la egipcia, está más atenta a los planetas que a .las estrellas fijas, más a la luna que al sol: de modo que para los babilonios la noche fue más santa que el día (del símbolo del día y de la luz del día recabaron en vez su origen todas las mayores representaciones divinas arias, desde Diaus hasta Zeus y Apolo) y Sin, dios de la luna, predomina sobre Jamash, dios del sol; es una ciencia a la cual en el fondo le resulta imprescindible el tema fatalista, la idea de omnipotencia de una ley extraña, la escasa sensibilidad por un plano de verdadera trascendencia, en suma, el límite naturista y antiheroico en el campo del espíritu. Algo no privado de significado es que la antigua anotación del tiempo entre los asiriobabilonios fue lunar, por contraposición a la solar de los egipcios. En sus orígenes los Judíos padecieron tanto esta estrecha concepción de la vida que ignoraron toda inmortalidad: ellos tan solo conocieron el *Keol,* es decir una especie de Hades, de reino de las sombras, en donde todas las almas, de manera indiferenciada, aun las de los "Padres" de la raza de los mismos Reyes sacerdotales, se encuentran destinadas a extinguirse, sin tener, como el Hades de los Arios, por contraposición, la morada de una inmortalidad privilegiada de los "héroes".

No hay necesidad de subrayar el aspecto destructivo de concepciones de tal tipo y su capacidad de actuar como un verdadero fermento de descomposición y de disociación en el seno de las razas y de- los valores de origen ario. No se trata sin embargo aquí de seguir tales consecuencias a nivel de dualismos morales y religiosos, sino las que se verifican propiamente en el ámbito del conocimiento. A una ciencia que,. Como premisa, tiene la idea de cosmos, es decir, la de una conexión viviente entre la naturaleza y lo suprasensible, entre la vida y el espíritu, le penetra una ciencia que tiene la premisa opuesta de una cruda naturaleza compuesta de leyes y de relaciones de tipo abstracto, sin vida, de carácter primeramente lunar-astronómico, luego lunar-matemático, antes armonías panteístas, luego -por un proceso de secularización y laicización-universalista-racional.

Y es a partir de aquí de donde proviene directamente la "tradición" de la matemática hebraica, atestiguando pues una disolución deletérea, una negación precisa del antiguo ideal ario y solar.

Es por lo demás significativo que ya el Pitagorismo, en el cual es notoria para todos la importancia que tenía el elemento matemático dentro de un significativo relieve dado al sexo femenino, fue considerado por los antiguos como un fenómeno no-helénico, como un retorno al espíritu de aquella civilización pelásgico-asiática, que fue típica en el Mediterráneo preario.

Es por lo tanto significativo que Roma, consciente de su más profundo principio informador, proscribió a los Pitagóricos; del mismo modo es también significativo que el pitagorismo en Italia tuvo la mayor difusión entre los pueblos en los cuales prevalecía el elemento pelásgico, entre los Sabélicos y en razas y ciudades de la Italia meridional. El Pitagorismo, en otras palabras, trataba de buscar un elemento étnico prerromano que Roma, en tanto exponente de una civilización "solar", había subyugado, y que era irreducible a su espíritu.

Pero, para volver propiamente al Judaísmo, nosotros vemos que el mismo, ya desde los tiempos más antiguos, desarrolla una interpretación del mundo marcadamente matemática e intelectualista-panteísta. No hay tradición de ningún otro pueblo en la cual el elemento numérico tenga un papel tan notorio como en la Cábala hebraica y, en manera general, en las interpretaciones esotéricas de la Antigua Escritura contenidas en el Zohar. Así como la matemática moderna disuelve el mundo sensible en números, de la misma manera el cabalismo ha disuelto en éstos todo lo que es divino, y en el número y en las letras (provistas ellas mismas de significado numérico) ha indicado el instrumento para penetrar en las regiones más ocultas de la metafísica trascendental. En el fondo, esto permanece aun como el aspecto más elevado del judaísmo, significativamente rechazado por la tradición talmúdica (el cabalismo vale para la ortodoxia rabínica como una heterodoxia); también racialmente, se puede demostrar que la corriente denominada por nosotros como intelectualismo panteísta ha reclutado sus exponentes sobre todo entre los Judíos Sefardíes que, relativamente, frente sobre todo a los Asquenazis, también según racistas como Chamberlain y Drumont, representan ya una rama mas noble del pueblo judío. Son en efecto judíos sefardíes Avicebrom, Moisés de León, Spinoza, León el Judío, Maimónides, Jacobi, pensadores entre los mas significativos para la corriente ya indicada.

En Spinoza se ve en el modo más visible cómo el antiguo espíritu lunar-panteísta y fatalista, ya manifestado en el Mediterráneo semita, se conserva idéntico a través de los siglos. En Spinoza la consideración *sub specie aeternitatis* se identifica con la consideración *more geométrico:* la misma *forma mentis* propia del razonamiento geométrico y matemático es aplicada aquí a la teología y a la filosofía y el resultado es el que corresponde a éstas: se tiene una concepción fatalista del mundo y de Dios, todo se desarrolla en una secuencia férrea de causas y efectos que proceden impersonalmente y automáticamente las unas de las otras como los corolarios de los teoremas y las cualidades de los entes geométricos de su definición abstracta. Es una expresión del espíritu "lunar" y determinista que, en su plenitud, representa una antítesis respecto de la actitud solar en j modo tal que nunca la historia de la cultura presentó algo semejante.

Para arribar desde estas antiguas manifestaciones del espíritu hebraico a los modernos cultores judíos de las ciencias matemáticas "positivas" no hay que tener en cuenta sino un proceso de laicización y de secularización que caracteriza el desarrollo ulterior de la civilización occidental. Pero por supuesto que, aun dentro de la forma modificada, subsiste todavía el antiguo espíritu. La teoría de Einstein representa, tal como se ha ya mencionado, el caso-límite de la disolución de la física en la matemática, de la abstracción pura de un conocer que, para ser cierto, se refugia en un mundo de entidades algebraicas totalmente indiferente respecto de los datos concretos de la experiencia sensible. De paso, se puede resaltar también que la teoría einsteniana ha podido desarrollarse gracias a la reforma del cálculo infinitesimal operada por otro judío, Levi-Civita, de la misma manera que nuevamente un Judío, Weyll, es quien la ha desarrollado ulteriormente. Pero la correspondencia se hace también visible por poco que nos avecinemos al ámbito especulativo: nosotros vemos aquí al judaísmo repartirse en dos columnas que corresponden exactamente a los dos elementos del dualismo judaico, producto de la disociación de la antigua síntesis solar aria. Así, mientras nosotros hallamos a judíos entre los jefes de escuelas de las modernas exaltaciones de la vida, de lo irracional, del devenir, del inconsciente y del instinto omnipotente -desde Bergson hasta Simmel y Freud- por la otra hallamos a judíos pertenecientes a la segunda columna, la cual sigue las vías de un racionalismo abstracto e incluso de un nuevo platonismo matemático. A tal último respecto es particularmente significativa la denominada escuela de Marburgo que ha tenido como máximos exponentes a dos judíos, Hermann Cohen y Ernst Cassirer. Si la filosofa kantiana se había esforzado en remitir a conceptos abstractos apriorísticos la condición de toda experiencia posible, sea interna como externa, esta escuela le sustituye el concepto de número, a las ideas apriorísticas kantianas las funciones algebraicas; como órgano, la misma tendría un pensamiento puro que es de origen absoluto y que, sin ninguna relación con la sensación y las imágenes sensibles, recaba de sí mismo, del principio del infinitesimal, toda la ciencia matemática y matemático-natural, reduciendo en tales términos a todos los principales conceptos y problemas de la anterior filosofa. Se ve pues cómo y con cuál persistencia, *mutatis mutandis*, se ha conservado la "tradición" aludida a través de los siglos.

Queriendo ahora pasar a las evaluaciones, es evidente que las mismas son sumamente difíciles si nos ubicamos desde el punto de vista de la cultura moderna, lo que equivale al punto de vista del caos. Es en cambio necesario referirse a aquellas tradiciones primordiales, a aquellas antítesis primordiales de valores, a las cuales hemos hecho mención y de las cuales recaban su sentido términos como "solar", "lunar", etc.: cuestión por supuesto para nada fácil para cualquier "espíritu evolucionado" y "crítico" de hoy en día. Un espíritu de tal tipo no se da cuenta de que el "progreso" ha conducido al Occidente hacia una pendiente en donde, a nivel de formas involutivas, han aparecido concepciones muy similares a las emanadas del alma de la raza judaica. Ésta es la razón precisa por la cual el judaísmo ha podido tener tanta influencia en la civilización moderna: el mismo ha hallado el terreno virtualmente preparado por un proceso involutivo en modo tal que le ha resultado tremendamente fácil insertarse en ella y empujar rápidamente hasta conclusiones extremas a todo aquello que ya vacilaba y que no era más puro. Es por esto que todo espíritu "moderno", aunque pretenda ser justo en sus apreciaciones, se halla muchas veces con el inconveniente de no poder explicar adecuadamente algunos aspectos de la polémica antihebraica: en ciertos terrenos, en donde el aspecto abstracto y teórico predomina, él teme que no se pueda atacar al judío sin atacarse al mismo tiempo a sí mismo y perjudicar el significado y el valor de disciplinas que no son puras y simples creaciones judaicas. Este temor es justificado: pero lo que sucede es que se trata de un falso "sí mismo". La pérdida de contacto con aquello que fue la tradición aria, ideal ario de conocimiento y de acción, modo ario de considerar el significado de la vida y del hombre, convierte en incapaces de radicalismo en las criticas y cierra en un laberinto, del cual difícilmente se podrían recabar los puntos de referencia para una lucha a fondo. Lo que hemos dicho acerca de la matemática hebraica, acerca de sus orígenes y acerca de la disolución espiritual que se vincula a su vez con estos mismos orígenes, podrá quizás ya valer como un ejemplo y ser motivo para útiles reflexiones. Se puede considerar en cualquier campo al judío como el exponente extremo de una decadencia. Si el judío nos indicará pues el peligro que hay que combatir de manera urgente, al mismo tiempo nos indicará pues también la dirección en la cual ha acontecido una desviación incipiente del alma aria, a eliminar con una acción interior, con una "rectificación" que prevendrá nuevas caídas e inmunizará del virus.

X

PSICOLOGÍA CRIMINALÍSTICA HEBRAICA

Queremos considerar aquí el desarrollo de la concepción judaica del delito. En la colección *"El judaísmo en las ciencias jurídicas"* (Deutscher Rechts-Verlag, Berlín) ha salido recientemente un ensayo magistral del doctor M. Mikorey sobre el *"Judaísmo en la psicología criminalística"* que, a tal respecto, nos da los mejores puntos de referencia, de modo tal que creemos interesante dar aquí algunas alusiones al mismo.

Como premisa principal debe valer aquí la constatación de que es propia del Judaísmo, en materia de moral y de concepción del mundo, una precisa asunción de la notoria doctrina de la doble verdad, y ello no con la finalidad de resolver antinomias escolásticas, sino con precisas finalidades tácticas. En efecto, es algo notorio para todos que, mientras que el judío predica entre los no judíos el evangelio de la democracia, de la igualdad, de la paridad de derechos, del antirracismo, del internacionalismo, reserva en cambio para sí mismo verdades muy diferentes: para sus adentros el judaísmo profesa en vez el más riguroso exclusivismo racista y nacionalista, no pretendiendo para nada confundirse con la comunidad de los pueblos arios y, en una manera u otra, no olvida la antigua promesa del dominio universal del "pueblo elegido" sobre el conjunto de los otros pueblos. La mencionada finalidad táctica de esta duplicidad, de acuerdo a la polémica antisemita, es sumamente evidente:

mientras que una moral -la interna- está destinada a reforzar y a preservar a la raza hebraica, la otra, la externa predicada entre los gentiles, entre los *goim,* tiene por fin allanarle las vías a Israel, propiciar un ambiente desarticulado y nivelado, en donde la "libertad" y la "igualdad de los derechos" servirán sólo como medios para desarrollar sin ser molestados una acción dirigida a la hegemonía y al dominio del "pueblo elegido": así como lo muestra de manera evidente el ejemplo de la judaización a ultranza de las naciones democráticas, de los pueblos que continúan de manera conmovedora quemando incienso sobre los altares de los "inmortales principios".

Esta misma coyuntura se manifiesta -de acuerdo al análisis de Mikorey- en el ámbito mismo de la concepción hebraica del delito. También aquí nosotros nos hallamos con la cabeza de Jano bifronte, con la duplicidad táctica de concepciones y de morales.

En lo referente a Israel, la concepción tradicional hebraica del delito es de lo más rígida y formalista. El delito asume sin más el carácter de una infracción a la ley divina. Aquí no se detienen en ningún análisis de tipo psicológico, no se procede a hacer distinciones, como la de *dolus, culpa,* etc., no se indagan los móviles, las circunstancias y los atenuantes: queda tan sólo el hecho bruto, el que provoca la cólera de Jehová en contra del culpable; es en contra de éste que sin más debe proceder la comunidad hebraica, reaccionar con un castigo y una pena, para la cual el criterio predominante procede del *ius talionis,* en toda su unilateral rigidez.

Estas concepciones son propias no tan sólo del judaísmo antiguo, sino también del judaísmo de la Diáspora, por lo que las mismas han contribuido fuertemente a la subsistencia de la unidad y de la solidaridad de la raza hebraica en la dispersión. Esta rígida concepción del derecho y del delito ha preservado a la comunidad judaica en contra de cualquier tendencia que habría podido ser erosiva hacia su modo de vida específico. Es cierto que la ley del Judaísmo en la Diáspora, es decir el Talmud, concluye en una casuística de una complejidad casi inimaginable: pero es fácil persuadirse de que allí donde esta casuística se refiera tan sólo a la vía de la comunidad judía, la misma siempre concluye en el reconocimiento de un absoluto y riguroso derecho de la Ley que se defiende a sí misma, no teniendo ninguna sensibilidad respecto de los bastidores individuales y psicológicos del delito, puesto que el delito es exclusivamente asumido en su aspecto "positivo" y "objetivo" de hecho, que pone en peligro la vida, la realidad y la unidad de la comunidad hebraica, mantenida junta en su dispersión tan sólo por la Ley.

Y bien, si nosotros ahora nos remitimos a las teorías jurídicas y a las interpretaciones del delito propias de los Judíos emancipados que han pasado a hacer la "ciencia para las civilizaciones no judías, se asiste a la más paradojal inversión de puntos de vista. Tan insensible y rigurosa ante el culpable se muestra la concepción ya mencionada referida meramente a los Judíos, del mismo modo que en cambio las concepciones judaicas para uso de los no judíos se nos muestran como sumamente hipersensibles y nos producen verdaderas obras de arte en materia de "psicología" para "comprender" y justificar al culpable, sus móviles, su destino. Y aquel derecho del Estado para defenderse, reconocido de manera tan proclamada en referencia a la comunidad judía, he aquí como, si es referido a los pueblos y culturas no hebraicas en los cuales Israel se encuentra en calidad de huésped, es descrito como un verdadero cuco, como algo arbitrario, inhumano y brutal, en contra de lo cual se movilizan todos los argumentos psicológicos y sentimentalistas y todos los cánones de una presunta "ciencia". Se repite aquí nuevamente y de manera precisa la táctica general de la "doble verdad".

Mikorey pone en evidencia este punto con un rápido análisis de las principales interpretaciones de la psicología criminalística hechas por judíos en los tiempos modernos, en los tiempos de la emancipación. Todas concuerdan en relativizar el delito y en poner una especie de veto al derecho soberano del Estado de defenderse y de castigar: y el fin inconfesado, según Mikorey, se lo tiene en las conocidas palabras de Goethe: "Este pueblo astuto no ve abierta sino una sola vía: mientras que subsista un orden, el mismo no tiene nada que esperar".

El análisis se inicia con las doctrinas del judío italiano César Lombroso, el cual, en sus cartas, no hizo misterio alguno de su profunda aversión hacia la Edad Media, en contra de los métodos de una "disciplina violenta" que "oprime al espíritu lógico innato". Su función ha sido en realidad la de movilizar a la ciencia natural en contra del derecho clásico. Una adecuada investigación antropológica y biológica se encarga aquí de relativizar el concepto de imputabilidad, en la medida que, según Lombroso, la delincuencia es una cualidad de raza. Los delincuentes constituyen una variedad biológica en sí, residuo de aquello que toda la humanidad habría sido en los tiempos primordiales. Un puro atavismo biológicamente condicionado actúa en el delincuente: sobre tal base, al derecho del Estado de reaccionar se le quita cualquier carácter ético o político. El mismo debe dar lugar a procedimientos técnicos y reducirse a un capítulo de la higiene social. El determinismo atávico del "delincuente nato" tiende a relativizar la culpa y a deseticizar la culpa y el delito. Si bien no se llega hasta el límite de simpatizar humanitariamente con el delincuente, como hacen en cambio los judíos marxistas, con esta teoría se llega a sustraerle cualquier fundamento al derecho del Estado de intervenir y de castigar y por ende a minar insensiblemente este mismo derecho. Mikorey se inclina a creer que el hecho de que la doctrina lombrosiana, luego de un rápido éxito, pasó a la sombra y no fue sostenida por los ambientes influidos por el mismo espíritu de ésta, se habría debido a razones de oportunidad. Fue juzgado como peligroso atraer la atención sobre las relaciones que se establecen entres ciertas disposiciones criminales y ciertas cualidades de una raza *sui generis* en un periodo en el cual en Europa se asomaban las primeras tendencias racistas y antisemitas con De Gobineau y con sus secuaces. Se mantuvo el objetivo, es decir, el de depreciar el tipo "medieval" de derecho, pero se eligieron otros medios.

Se dirigieron pues hacia la dirección de la denominada criminología social, que tiene como base búsquedas estadísticas y como conclusión la siguiente postura: la delincuencia es un hecho estadístico. Los sujetos son como átomos insertos en el dinamismo cuasi físico de los procesos sociales y con su choque e interferencias realizan uniformidades estadísticas que actúan en modo impersonal. Existen así unos "porcentajes" de criminalidad como un hecho impersonal de "enfermedad social" que debe realizarse: quiénes sean los individuos que lo realizarán, ello es una cosa indiferente: si no son unos, serán otros. Por lo cual he aquí como nuevamente el delito pierde todo carácter moral y, en correspondencia con ello, he aquí que lo mismo acontece con la reacción del Estado frente al mismo. La responsabilidad, de a poco, es desplazada del individuo como sujeto ético a la colectividad y es de esta manera vaciada a través de interpretaciones deterministas. Y éste es el punto de partida para toda una serie de posturas pervertidoras.

El conocido axioma que caracteriza a esta escuela, en la cual las teorías del judío Aschaffenburg han tenido un rol importante: *"Tout le monde est coupable excepté le criminel",* encuentra su lugar en las requisitorias efectuadas por las estafetas literarias del judaísmo, especializadas en procesos en contra de las injusticias sociales y de las convenciones y mentiras de la civilización. Recordaremos el dicho del judío Werfel: "El culpable no es el asesino, sino el asesinado" y, más aun, novelas como *"El caso Mauritius"* del judío Wassermann y *"El Proceso"* del judío Kafka. En el primero hay un ataque a pleno en contra de aquel tipo rígido y formalista de justicia que en cambio se encuentra de manera inversa en la concepción tradicional judeo- talmúdica de la misma. En el segundo, con los tintes más morbosamente sugestivos de un relato simbólico, se describe a la justicia como un mecanismo incomprensible e impersonal que, por una culpa de la cual el personaje central no se da cuenta absolutamente de nada y que ignora hasta el momento de la ejecución, lo termina aplastando.

Nosotros así nos vemos insensiblemente llevados hacia la misma dirección sobre la cual se ha desarrollado el ataque judeo-marxista en contra del orden tradicional de la historia de la sociedad. Aquí una presunta ciencia se enmascara a sí misma y delata sus tendencialidades puramente políticas. La estadística aplicada ahora a la historia en los términos de "materialismo histórico" desemboca en las manos de los teóricos hebraicos del socialismo en un *pathos* revolucionario *y* en los mitos de la lucha de clases y de la dictadura del proletariado. Las "reformas sociales", que las anteriores escuelas "neutras" querían sustituir a la interpretación ética del derecho, asumen aquí la forma de demagogia revolucionaria, de incitamiento a la revuelta y a la lucha de clases para la destrucción de las "superestructuras" de la sociedad burguesa y para la organización socialista-proletaria de la humanidad: solución milagrosa de todo mal y miseria. Sobre este trasfondo surge el mito heroico del proletario, listo para circundar a la figura del delincuente con la aureola del mártir. El delincuente insurge en contra de un ordenamiento social condenado; él anticipa, por decirlo así, en pequeña escala, a la revolución mundial. Si la "propiedad es un robo", el robo puede ser entonces considerado como una osada anticipación del ideal comunista. Así el delincuente se transforma en un precursor heroico de la futura dictadura del proletariado. Desde otro punto de vista los delincuentes aparecen, según esta ideología judaica, como las víctimas infelices de la sociedad capitalista, que son impulsadas hacia la desesperación por la necesidad y por la miseria, y luego truncadas por una presunta "justicia" que obedece a los intereses de la clase explotadora. Así tenemos cómo de la teoría se pasa a la práctica de una propaganda demagógica dirigida a atacar en sus raíces el derecho y la integridad del Estado. El delito se convierte en una acusación inexorable en contra de la "sociedad burguesa" y en una luz precursora de la revolución mundial. Así la doctrina hebraica del delito se transforma improvisamente en una granada de mano en la lucha de clases del proletariado en contra del orden social de los pueblos no judíos.

A una tal ofensiva se debe agregar aquella que, en modo más silencioso y, nuevamente, bajo enmascaramientos científicos y "objetivos", el judaísmo ha conducido a través de nuevas formas de psicología, que son la "psicología individual" *(Individualpsychologic)* de Adler y el psicoanálisis de Freud, ambos judíos, del mismo modo que también judíos son gran parte de los que los siguen y aplican sus métodos. El ataque se desarrolla aquí en una zona más profunda, en los más íntimos escondrijos del alma. Y la finalidad de ello es la desmoralización sistemática, la inoculación de sugestiones aptas para facilitar un colapso ético y espiritual definitivo en el hombre moderno, ya tan corroído por tantos procesos de decadencia y de materialización.

Según el punto de vista especial que estamos aquí considerando, Mikorey resalta justamente que, sea a la teoría de Adler como a la de Freud, les resulta propio considerar que la delincuencia se trata de un fenómeno psicológico primordial, haciendo de ello el centro de toda la vida psíquica. Como sustancia primera del alma humana es supuesta por parte de tal teoría una salvaje voluntad de dominio o bien el *eros, la libido,* la más turbia sensualidad, que no retrocede ante ninguna forma, ni siquiera ante la del mismo incesto.. A estas fuerzas "ínferas" no se les opone ningún "yo" principio, sustancial autónomo, manifestación de una realidad diferente. Toda la vida psíquica es más bien explicada a través de un variado choque, de un recíproco obstáculo, de compensaciones, transposiciones o imposiciones de estos instintos y del sistema de las convenciones sociales y de las condiciones del ambiente. Este dinamismo tiene carácter fatal y se desarrolla esencialmente en el inconsciente. Allí donde se resuelve en acciones delictivas, no hay naturalmente necesidad de hablar de culpa, de responsabilidad y de imputabilidad. El ataque en contra de la justificación ética y espiritual del derecho de castigar asume aquí la forma más declarada. Al castigo debería sustituírsele el tratamiento por parte del medico psicoanalista. Toda intervención del Estado vale sólo para empeorar el mal y, además, para presuponer la incomprensión del origen inconsciente de los delitos; vale pues sólo para exasperar la disposición desde donde provienen los mismos.

Las consecuencias, desde el punto de vista del derecho penal, son claras. Si el delito es causado por la violencia ejercida por la sociedad en contra del impulso del sujeto de "valer" y por la necesidad de superar un complejo de inferioridad insoportable, el castigo no hace sino alentar al delincuente, sino confirmarle que él tiene razón y por lo tanto no hace sino incitarlo a delinquir nuevamente, para descargarse de la nueva humillación.

Todo castigo es pues injusto, insensato, condenado a un trabajo de Danaides. No castigar, sino alentar y educar, éste sería en cambio el justo camino. El nudo gordiano de todo delito real o posible no debe ser cortado rudamente con la espada de la justicia, sino disuelto cuidadosamente y con mucho amor por un tratamiento psicológico.

Todo esto es lo que acontece con las teorías de Adler. Pasando luego a las propiamente psicoanalíticas del judío Freud, se termina en un plano aun más bajo y preocupante. Aquí se acentúa la concepción según la cual no sólo los neuróticos, sino todos los hombres a través de sus acciones y reacciones, no serían otra cosa que marionetas de un misterioso inconsciente, el cual, sin que éstos se den cuenta de nada, los conduce hacia donde quiere, dirigiendo invisiblemente sus decisiones y sus inclinaciones. Y ésta es la sede de los famosos "complejos", es decir de instintos primordiales de naturaleza uniformemente "libidinosa" reprimidos y excluidos de la conciencia normal de vigilia. En cuanto a las consecuencias del psicoanálisis en materia de derecho penal y de interpretación del delito, se puede decir que en esta disciplina hebraica ya el análisis del alma tiene los rasgos de un análisis del delincuente. En el comienzo se encuentra el delito podría ser la consigna aquí empleada. El parricidio o el incesto con la madre serían las dos fuerzas motrices fundamentales de la vida psíquica y todo el desarrollo de la persona no sería otra cosa que una elaboración en modo variable de tales nobles tendencias. Ya a una edad de tres o de cuatro años, tal como es sabido, de acuerdo al psicoanálisis, el niño -todo niño- estaría enamorado sexualmente de su madre y odiaría al padre como a su rival. La idea del parricidio dominaría su alma infantil, de modo tal de temer ser descubierto o castrado como castigo por parte del padre. Éste es el famoso "complejo de Edipo" que tiene como consecuencia inmediata el "complejo de la castración". Las niñas de la misma edad tienen en cambio que combatir al "complejo de Electra". Al temor de ser castrado, alimentado por el niño incestuoso, se le vincula aquí "el complejo de envidia hacia el órgano masculino" *(Penisneid)* que, según estas teorías "científicas", puede ser causa de graves delitos incluso en una edad senil. Para enriquecer con otro rasgo este delicado idilio de "complejos" de familia modelo, Freud ha desarrollado en 1924 en el modo siguiente las concepciones arriba mencionadas: "El complejo de Edipo ofreció al niño dos posibilidades de satisfacción, una activa y la otra pasiva, es decir, sustituirse al padre para tener con la madre las mismas relaciones sexuales, con lo cual muy pronto el padre es considerado como un obstáculo; o bien identificarse con la madre para dejarse amar por el padre, de modo tal de convertir a la madre en superflua". Con lo cual el incesto dejaría su lugar a la pederastia.

Acerca de la teoría del delito que procede de tales concepciones, Freud remite a nivel general el delito a complejos de Edipo mal digeridos. Tales complejos llevan consigo un sentido indefinido e intolerable de culpa (que no tiene por lo demás ninguna relación con una conciencia moral, derivando en vez de especiales atavismos). Un tal sentimiento preexistente de culpa conduce más tarde a los infelices hacia el delito, nuevamente, en razón de una especie de corto circuito que "descarga" la tensión, cada vez que no se logra hallar el camino hacia una solución "interna" ofrecida por los varios tipos de neurosis. La neurosis y la delincuencia son pues fenómenos equivalentes, los dos en igual medida mecánicos y determinados por el inconsciente, sobre la base de complejos formativos y establecidos desde la primera infancia y por lo tanto afuera de cualquier intervención de la personalidad.

Pero el aspecto más asombroso de tal teoría se encuentra en el hecho de que el delito representa una solución y por lo tanto es querido únicamente porque le permite al delincuente obtener un castigo destinado a liberarlo del sentimiento de culpa preexistente en él y privado de cualquier causa positiva. La sanción penal, el castigo, lejos de prevenir el acto delictivo, es justamente lo que excita al delincuente para cometer tal acto. La inversión de cualquier dato del buen sentido no podría ser mas completa: el castigo no es la consecuencia del delito, sino a la inversa, el delito resulta ser la consecuencia del castigo; el sentimiento de culpa no es la consecuencia del delito, sino que el delito es una consecuencia de un preexistente sentimiento de culpa. Éste es el "descubrimiento" de la ciencia psicoanalítica, la larvada postura en contra del derecho soberano del Estado a castigar es sin embargo lo suficientemente clara: la sanción penal no hace sino ir al encuentro de la necesidad de ser castigado por parte del delincuente atormentado por sus complejos. Aboliendo el castigo, el delincuente sería así obligado a desaparecer como tal y a transformarse, en una manera u otra, en un neurótico inofensivo. "Con una tal elegante conclusión, comenta Mikorey, el psicoanálisis arranca de manera originalísima la espada de la mano de la justicia. El castigo es injusto, irracional y nocivo: *quod erat demostrandum*".

De todo esto resulta muy clara la tendencia que se esconde detrás de estas diferentes formas hebraicas de hacer "la ciencia" para uso de los *goim;* es evidente en efecto que aceptar tales "verdades" no significa otra cosa que propiciar el más peligroso derrotismo espiritual y moral y, con distintos pretextos, narcotizar la sensibilidad ética y jurídica hasta arribar a una casi completa incapacidad de reaccionar. Pero, tal como decíamos, de estas "perlas" los Judíos convidan generosamente al no-Judío; para sí mismos en cambio ellos reservan humildemente los restos de aquellas concepciones bárbaras que, por puro amor hacia el prójimo, en los otros ellos querrían ver superadas por concepciones "científicas" y plenas de comprensión humana. Basta tener en efecto alguna familiaridad con el estilo del *Kahal*, de las comunidades hebraicas también en sus formas mas exteriores y accesibles, para darse cuenta del punto de vista en el cual el rigorismo y el crudo positivismo jurídico de la antigua Ley sean aun hoy en día mantenidos. Quien quiera ser prudente hasta el final, puede remitir a variadas causas, accidentales e históricas y a los dos diferentes estratos del Judaísmo esta "doble verdad"; pero si él no quiere también ser inconsciente hasta el final, es necesario que, de un determinado hecho positivo e irrebatible, recabe las necesarias consecuencias: puede, si quiere, evitar la hipótesis extremista de una absoluta unidad de plan y de conspiración y de plena conciencia de la misma en todos aquellos elementos a los cuales es dejada su realización. Sin embargo él deberá también conceder que las cosas, a través de las inescrutables vías de la providencia de un Jehová que no ha olvidado su antiguo compromiso y su antigua promesa hecha al "pueblo elegido", arriban a realizar de hecho una singular concordancia de elementos favorables: el trabajo de los unos sirve para allanar las vías a los otros, la difusión de doctrinas hebraicas corrosivas dirigidas a deshuesar los organismos sociales no hebraicos forma el ambiente que el ejecutor consciente de un plan podría desear a fin de que el núcleo que en cambio profesa "la otra verdad" pueda fácilmente arribar a una real hegemonía.

Por su lado, Mikorey no hesita en reconocer en la historia política de la psicología hebraica del derecho un episodio preciso de aquella lucha dramática entre el grupo de las fuerzas bolcheviques-hebraicas y de las nacionales, que permitiría dar a nuestro siglo su fisonomía. Las mutaciones, las metamorfosis presentadas por las formulaciones de la doctrina aludida se encontrarían en relación con coyunturas correspondientes, propiamente singularizadas por un seguro instinto de raza, por parte de aquellos que, por decirlo así, actúan como estado mayor del frente de la subversión mundial.

De cualquier manera en que se encuentren las cosas, quitar la máscara "científica" a tales teorías y reconocer en ellas claramente la influencia deletérea es una tarea imprescindible para las fuerzas de la reconstrucción europea.

Escritos sobre el judaísmo

Otros libros

OMNIA VERITAS LTD PRESENTA:

RENÉ GUÉNON
APERCEPCIONES SOBRE EL ESOTERISMO ISLÁMICO Y EL TAOÍSMO

"En el islamismo, la tradición es de doble esencia, religiosa y metafísica"

Se las compara frecuentemente a la "corteza" y al "núcleo" (el-qishr wa el-lobb)

Omnia Veritas Ltd presenta:

RENÉ GUÉNON
APERCEPCIONES SOBRE LA INICIACIÓN

«A menudo nos concentramos en los errores y confusiones que se hacen sobre la iniciación...»

Somos conscientes del grado de degeneración al que ha llegado el Occidente moderno ...

OMNIA VERITAS LTD PRESENTA:

RENÉ GUÉNON
APRECIACIONES SOBRE EL ESOTERISMO CRISTIANO

« Este cambio convirtió al cristianismo en una religión en el verdadero sentido de la palabra y una forma tradicional ... »

Las verdades esotéricas estaban fuera del alcance del mayor número...

Escritos sobre el judaísmo

Omnia Veritas Ltd presenta:

RENÉ GUÉNON
AUTORIDAD ESPIRITUAL Y PODER TEMPORAL

"La distinción de las castas constituye, en la especie humana, una verdadera clasificación natural a la cual debe corresponder la repartición de las funciones sociales."

La igualdad no existe en realidad en ninguna parte

Omnia Veritas Ltd presenta:

RENÉ GUÉNON
EL ERROR ESPIRITISTA

En nuestra época hay muchas otras "contraverdades" que es bueno combatir...

Entre todas las doctrinas "neoespiritualistas", el espiritismo es ciertamente la más extendida

Omnia Veritas Ltd presenta:

RENÉ GUÉNON
EL ESOTERISMO DE DANTE

« Dante indica de una manera muy explícita que hay en su obra un sentido oculto, propiamente doctrinal, del que el sentido exterior y aparente no es más que un velo »

... y que debe ser buscado por aquellos que son capaces de penetrarle

"Cuando consideramos lo que es la filosofía en los tiempos modernos, no podemos impedirnos pensar que su ausencia en una civilización no tiene nada de particularmente lamentable."

El Vêdânta no es ni una filosofía, ni una religión

OMNIA VERITAS LTD PRESENTA:

RENÉ GUÉNON

EL REINO DE LA CANTIDAD Y LOS SIGNOS DE LOS TIEMPOS

« Porque todo lo que existe de alguna manera, incluso el error, necesariamente tiene su razón de ser »

... y el desorden en sí mismo debe encontrar su lugar entre los elementos del orden universal

OMNIA VERITAS LTD PRESENTA:

RENÉ GUÉNON
EL REY DEL MUNDO

"Un principio, la Inteligencia cósmica que refleja la Luz espiritual pura y formula la Ley"

El Legislador primordial y universal

Escritos sobre el judaísmo

«La consideración de un ser en su aspecto individual es necesariamente insuficiente»

... puesto que quien dice metafísico dice universal

"Nuestra meta, decía entonces Mme Blavatsky, no es restaurar el hinduismo, sino barrer al cristianismo de la faz de la tierra"

El término teosofía sirvió como una denominación común para una variedad de doctrinas

"Considerando la contemplación y la acción como complementarias, nos emplazamos en un punto de vista ya más profundo y más verdadero"

... la doble actividad, interior y exterior, de un solo y mismo ser

OMNIA VERITAS

Omnia Veritas Ltd presenta:

RENÉ GUÉNON

ESTUDIOS SOBRE LA FRANCMASONERIA Y EL COMPAÑERAZGO

«Entre los símbolos usados en la Edad Media, además de aquellos de los cuales los Masones modernos han conservado el recuerdo aun no comprendiendo ya apenas su significado, hay muchos otros de los que ellos no tienen la menor idea.»

la distinción entre "Masonería operativa" y "Masonería especulativa"

OMNIA VERITAS

OMNIA VERITAS LTD PRESENTA:

RENÉ GUÉNON

FORMAS TRADICIONALES Y CICLOS CÓSMICOS

« Los artículos reunidos en el presente libro representan el aspecto más "original" de la obra de René Guénon.»

Fragmentos de una historia desconocida

OMNIA VERITAS

Omnia Veritas Ltd presenta:

RENÉ GUÉNON

INICIACIÓN Y REALIZACIÓN ESPIRITUAL

« Necedad e ignorancia pueden reunirse en suma bajo el nombre común de incomprensión »

La gente es como un "reservorio" desde el cual se puede disparar todo, lo mejor y lo peor

Escritos sobre el judaísmo

OMNIA VERITAS

OMNIA VERITAS LTD PRESENTA:

RENÉ GUÉNON
INTRODUCCIÓN GENERAL
AL ESTUDIO DE
LAS DOCTRINAS HINDÚES

« Muchas dificultades se oponen, en Occidente, a un estudio serio y profundo de las doctrinas orientales »

... este último elemento que ninguna erudición jamás permitirá penetrar

OMNIA VERITAS

Omnia Veritas Ltd presenta:

RENÉ GUÉNON

LA CRISIS DEL
MUNDO
MODERNO

«Parece por lo demás que nos acercamos al desenlace, y es lo que hace más posible hoy que nunca el carácter anormal de este estado de cosas que dura desde hace ya algunos siglos»

Una transformación más o menos profunda es inminente

OMNIA VERITAS

Omnia Veritas Ltd presenta:

RENÉ GUÉNON

LA GRAN TRÍADA

«En todo ternario tradicional, cualesquiera que sea, se quiere encontrar un equivalente más o menos exacto de la Trinidad cristiana»

se trata muy evidentemente de un conjunto de tres aspectos divinos

« La metafísica pura, al estar por esencia fuera y más allá de todas las formas y de todas las contingencias »

no es ni oriental ni occidental, es universal

«Según la significación etimológica del término que le designa, el Infinito es lo que no tiene límites»

La noción del Infinito metafísico en sus relaciones con la Posibilidad universal

OMNIA VERITAS LTD PRESENTA:

RENÉ GUÉNON

LOS PRINCIPIOS DEL CÁLCULO INFINITESIMAL

«... nos ha parecido útil emprender este estudio para precisar algunas nociones del simbolismo matemático »

Esa ausencia de principios que caracteriza a las ciencias profanas

Escritos sobre el judaísmo

"Hay cierto número de problemas que constantemente han preocupado a los hombres, pero quizás ninguno ha parecido generalmente tan difícil de resolver como el del origen del Mal"

Este dilema es insoluble para aquellos que consideran la Creación como la obra directa de Dios

Omnia Veritas Ltd presenta:
RENÉ GUÉNON
ORIENTE Y OCCIDENTE

«La civilización occidental moderna aparece en la historia como una verdadera anomalía...»

Esta civilización es la única que se ha desarrollado en un aspecto puramente material

OMNIA VERITAS LTD PRESENTA:
RENÉ GUÉNON
ESCRITOS PARA
REGNABIT

«Esa copa sustituye al Corazón de Cristo como receptáculo de su sangre. ¿Y no es más notable aún, en tales condiciones, que el vaso haya sido ya antiguamente un emblema del corazón?»

El Santo Grial es la copa que contiene la preciosa Sangre de Cristo

⊘mniaVeritas

Omnia Veritas Ltd presenta:

RENÉ GUÉNON
SÍMBOLOS DE LA CIENCIA SAGRADA

« Este desarrollo material ha sido acompañado de una regresión intelectual, que ese desarrollo es harto incapaz de compensar »

¿Qué importa la verdad en un mundo cuyas aspiraciones son únicamente materiales y sentimentales?

⊘mniaVeritas

Omnia Veritas Ltd presenta:

HISTORIA PROSCRITA
I
LOS BANQUEROS Y LAS REVOLUCIONES

POR

VICTORIA FORNER

Los procesos revolucionarios necesitan agentes, organización y, sobre todo, financiación, dinero.

LAS COSAS NO SON A VECES LO QUE APARENTAN...

⊘mniaVeritas

Omnia Veritas Ltd presenta:

HISTORIA PROSCRITA
II
LA HISTORIA SILENCIADA DE ENTREGUERRAS

POR

VICTORIA FORNER

"El verdadero crimen es acabar una guerra con el fin de hacer inevitable la próxima."

EL TRATADO DE VERSALLES FUE "UN DICTADO DE ODIO Y DE LATROCINIO"

Escritos sobre el judaísmo

Omnia Veritas Ltd presenta:

HISTORIA PROSCRITA III
LA II GUERRA MUNDIAL Y LA POSGUERRA

POR

VICTORIA FORNER

Distintas fuerzas trabajaban para la guerra en los países europeos

MUCHOS AGENTES SERVÍAN INTERESES DE UN PARTIDO BELICISTA TRANSNACIONAL

Omnia Veritas Ltd presenta:

HISTORIA PROSCRITA IV
HOLOCAUSTO JUDÍO, NUEVO DOGMA DE FE PARA LA HUMANIDAD

POR

VICTORIA FORNER

Nunca en la historia de la humanidad se había producido una circunstancia como la que estudiaremos...

UN HECHO HISTÓRICO SE HA CONVERTIDO EN DOGMA DE FE

Omnia Veritas Ltd presenta:

EL MITO DE LOS 6 MILLONES
El Fraude de los judíos asesinados por Hitler

por Joaquín Bochaca

"El mayor fraude histórico, político y financiero de todos los tiempos."

La primera víctima de la guerra es la verdad

Escritos sobre el judaísmo

Escritos sobre el judaísmo

OMNIA VERITAS

Pero la nación europea llegó a ser "nación" porque añadiera formas de vida que pretenden representar una "manera de ser hombre"

Omnia Veritas Ltd presenta:

EUROPEA Y LA IDEA DE NACIÓN
seguido de
HISTORIA COMO SISTEMA
por
JOSÉ ORTEGA Y GASSET

Un programa de vida hacia el futuro

OMNIA VERITAS

"La alegría del alma está en la acción." De Marruecos sube un estruendo bélico, que pasa como un trueno sobre España.

Omnia Veritas Ltd presenta:

FRANCO
por
JOAQUÍN ARRARÁS

Caudillo de la nueva Reconquista, Señor de España

OMNIA VERITAS

En esencia, **La Guerra Oculta** es una metafísica de la historia, es la concepción de la perenne **lucha entre dos opuestos** órdenes de fuerzas...

Omnia Veritas Ltd presente:

LA GUERRA OCULTA
de
Emmanuel Malynski

La Guerra Oculta es un libro que ha sido calificado de "maldito"

El análisis más anticonformista de los hechos históricos

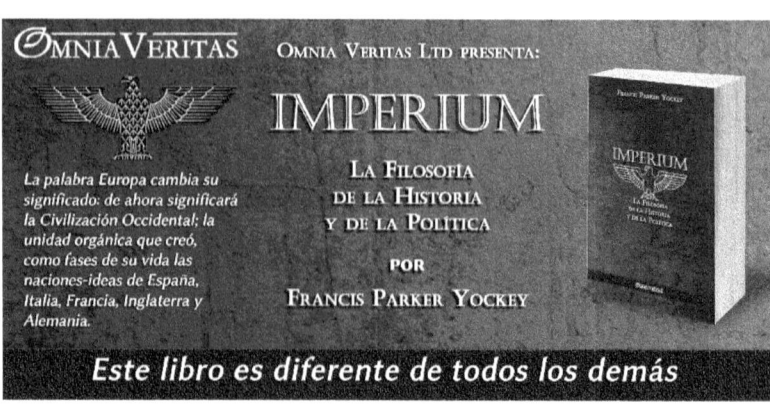

www.omnia-veritas.com

www.ingramcontent.com/pod-product-compliance
Lightning Source LLC
Chambersburg PA
CBHW072130160426
43197CB00012B/2056